코딩 첫걸음 시리즈 5

KB137547

CSS 코딩의 모든것,

웹 디자인 기초부터 완성까지!

이용학, 황현숙 지음

(주)교학사

책의 저자

이용학 · leeyh358@daum.net

약력 |

• 1998년 동국대학교 컴퓨터공학 박사

• 1998~2002 김포대학교 컴퓨터계열 교수

• 2002~2013 백상정보통신 연구소장

• 2013~ 하비 대표

저서 |

• 인문계 코딩 교육을 위한 C 이야기

• 비주얼베이직 데이터베이스 솔루션

• HTML @ 자바스크립트 쉽고 빠르게

• ASP 3.0 프로그래밍

황현숙 · hshwang@tw.ac.kr

약력 |

• 동원대학교 스마트IT콘텐츠과 교수

• 지식경제부 기술혁신 평가단 평가위원

• 조달청 평가위원

• 경기도 광주시 광고물 관리 및 디자인 심의위원

• 경기도 이천시 광고물 관리 및 디자인 심의위원

• 남한산성 청소년 영상제 심사위원장

• 사단법인 한국 브랜드 디자인 학회 이사

저서 |

• 코딩정복 with 파이썬

• 엑셀 2013 시작하기

• 파워포인트 2013 시작하기

• 엑셀과 파워포인트 2007 HowTo

이 책에서는

웹 문서의 근간을 이루는 HTML과 CSS는 웹 디자이너의 필수 지식입니다. HTML과 CSS는 웹 디자인을 시작하려면 반드시 알아야 할 지식이나 모든 배움의 첫 걸음을 내딛는 일이 항상 어렵 듯이 HTML과 CSS를 배우는 일도 마찬가지입니다.

필자는 어떻게 설명해야 입문자들이 재미있고 쉽고 빠르게 웹 디자인의 세계에 입문할 수 있을 지를 계속 고민하면서 책을 집필하였습니다. "쉽고 빠르게"를 목표로 하되 이 책으로 CSS를 익 히고 나면 웹 디자이너로서의 기초 지식이 확실히 다져질 수 있도록 한 줄 한 줄 자세한 설명과 예제 코드에도 세심하게 신경을 썼습니다.

HTML5에서 새로 도입된 태그들도 있고, CSS 또한 CSS3에서 추가로 제공되는 기능들이 있으 나 이 책에서는 별도로 구분하지 않고 설명합니다. 이미 HTML5는 표준이 확정되었고, CSS3 역시 대부분의 기능들이 표준으로 확정된 상태이기 때문에 이제는 과거의 HTML이나 CSS를 언 급하는 것이 별 의미가 없기 때문입니다.

이 책에서는 주로 많이 사용하는 HTML5의 태그와 CSS3의 프로퍼티를 중심으로 개념과 사용 법을 익히는데 중점을 두었습니다. 우리가 모든 태그와 모든 프로퍼티를 기억할 수도 없고 그럴 필요도 없지만 어떤 기능들이 있는지는 전반적으로 잘 파악해두어 기능별로 빠짐없이 전체를 조 망할 수 있도록 내용들을 구성하였습니다.

부디 이 책을 통해 독자 여러분이 아주 쉽고 빠르게 웹 디자인을 시작하실 수 있기를 바라겠습 니다.

Contents

Chapter 3 배경과 링크

Chapter 4 텍스트와 폰트

Chapter 5 테이블과 목록

Chapter

1

코딩 첫걸음 시리즈

Cascading

Style

Sheets

CSS의 기초 지식

CSS란 무엇일까?

웹 문서를 만들기 위해서는 기본적으로 HTML 태그를 사용하며 태그들은 웹 문서에 기술되는 내용을 구분하고 정의합니다. 즉, 태그는 웹 문서에 기술되어 있는 내용이 무엇이라는 것을 정의하는 역할만 하는 것이고 내용을 멋있게 디자인하는 것은 아닙니다. 웹 문서에 사용된 태그에 따라 표시되는 내용이 다르게 보이지만 이것도 웹 문서를 보는 사람들이 내용을 구분할 수 있도록 하였을 뿐이지 웹 문서를 디자인하는 것은 아닙니다.

웹 문서의 디자인은 HTML 태그가 아닌 CSS(Cascading Style Sheet)를 사용합니다. HTML 태그는 웹 문서의 내용을 기술하는 언어이고, CSS는 웹 문서를 디자인하는 언어입니다. HTML과 CSS는 모두 웹 브라우저가 해석하고 그 결과를 표시해 줍니다. CSS의 역할을 알아보기 위해 'css01-1.html' 문서를 실행시켜 봅시다.

▶ **css01-1.html**

```
<!doctype html>
<html>
<head>
<title>CSS란 무엇일까?</title>

<style>
body {
    background-color: #4682B4;
}

h1 {
    color: yellow;
```

```
      text-align: center;
}

p.white {
    color: rgb(255,255,255);
    font-size: 25px;
}

p.orange {
    color: rgb(255,165,0);
    font-size: 20px;
    font-weight: bold;
}

</style>

</head>
<body>

<h1>헤더는 노란색으로 가운데에 표시</h1>
<p class="white">첫번째 단락은 하얀색으로 표시</p>
<p class="orange">두번째 단락은 오렌지 색 볼드체로 작게 표시</p>

</body>
</html>
```

▶ 실행 결과

실행 결과를 살펴보면 문서 전체의 배경에 색상이 깔려있고 제일 위의 헤더는 노란색으로 웹 문서의 가운데에 표시되어 있습니다. 또한 첫 번째 단락과 두 번째 단락이 각각 다른 크기 색으로 표시되어 있습니다. 간단해 보이지만 이러한 것이 웹 문서의 디자인입니다.

결과만 놓고 보면 이러한 디자인은 HTML 태그의 style 속성만으로도 가능하지만 'css01-1.html' 파일의 소스 코드를 보면 〈head〉~〈/head〉 태그 사이에 〈style〉~〈/style〉 태그가 있고 그 안에 아직은 알지 못할 코드들이 있습니다. 이 코드들이 바로 CSS 코드(CSS 명령어라고 생각해도 좋습니다)입니다. 이 코드들 때문에 웹 문서가 실행 결과와 같이 디자인되어 출력되는 것입니다.

앞의 예에서 CSS 코드들을 잘 보면 'color:yellow;'와 같이 중간에 콜론(:)이 있고 제일 뒤에 세미콜론(;)이 기술된 것들이 있습니다. color는 '프로퍼티(property)'이고 yellow는 '값(value)'입니다. HTML 태그는 '속성=값'의 쌍으로 추가 정보를 제공하지만 CSS는 '프로퍼티: 값;'의 쌍으로 디자인 정보를 제공합니다.

HTML 태그의 style 속성을 사용하지 않고 이렇게 별도의 CSS 코드를 사용하는 것은 CSS 코드를 사용해야 더 다양한 디자인을 할 수 있고 문서의 내용과 디자인이 분리되기 때문입니다.

HTML 태그를 배울때는 속성을 잘 알아야 했는데 CSS 배울 때는 프로퍼티를 잘 알아야 해요!

소스 코드를 더 이상 자세히 들여다 볼 필요는 없습니다. 지금은 CSS가 무엇인지 구경만 하면 됩니다. 웹 문서를 다양하게 디자인하기 위해 앞으로 이런 프로퍼티들의 사용법을 하나씩 배울 것입니다.

CSS 코드의 기본 형식

CSS 코드는 문서의 요소들에 적용될 스타일(디자인)을 선언하는 역할을 합니다. 이 선언은 선택자와 프로퍼티와 값으로 구성되며 기본 형식은 다음과 같습니다.

① CSS 코드는 선택자(Selector), 프로퍼티(Property), 값(Value)으로 구성됩니다.

② 선택자는 스타일을 적용할 html 요소(태그)를 지정합니다.

③ 중괄호 안의 프로퍼티와 값은 콜론으로 구분하고, 값의 뒤에 세미콜론을 기술합니다.

④ 중괄호 내에는 여러 개의 '프로퍼티:값;'을 기술할 수 있습니다.

⑤ 중괄호 내에 기술할 '프로퍼티:값;'이 많으면 1개 라인에 1개씩 기술할 수도 있습니다.

앞의 예에서는 선택자에 단순히 하나의 HTML 태그를 기술했으며, 해당 태그를 사용할 때만 스타일이 적용됩니다. 이 선택자는 다양한 형식으로 기술할 수 있으며 그에 따라 여러 가지 자동 스타일 기능을 구현할 수도 있습니다.

지금부터는 기본적인 선택자 형식을 살펴보겠습니다.

CSS 선택자의 사용

CSS의 선택자에는 크게 요소 선택자(HTML 엘리먼트), 클래스 선택자, id 선택자, 그룹 선택자 등이 있습니다. 그럼 지금부터는 각각의 CSS 선택자가 역할과 사용법에 대해서 알아보기로 하겠습니다.

요소 선택자

요소 선택자는 앞서 보았듯이 HTML 태그를 의미합니다. 요소 선택자를 사용할 경우 해당 태그를 사용할 때마다 자동적으로 스타일이 지정됩니다. 다음의 'css01-2. html' 문서는 2개의 요소 선택자를 사용하고 있습니다.

▶ **css01-2.html**

```
<!doctype html>
<html lang="ko">
<head>
<meta charset="utf-8">
<title>CSS 요소 선택자의 사용</title>

<style>
h3 {text-align:center; color:grey;}
p {
    text-align: center;
    color: blue;
```

```
}
</style>
</head>

<body>
<h3>헤더입니다.</h3>
<p>이 단락은 스타일이 지정되었습니다.</p>
<p>가운데 청색으로 표시됩니다!</p>
</body>
</html>
```

▶ 실행 결과

CSS 요소 선택자의 사용

헤더입니다.

이 단락은 스타일이 지정되었습니다.

가운데 청색으로 표시됩니다!

태그를 사용하는 요소 선택자는 간단하고 편리한 면도 있지만 웹 문서의 디자인이 조금만 복잡해지면 이런 획일적인 스타일 지정은 효율적이지 못합니다.

클래스 선택자

클래스(Class) 선택자는 요소 선택자에 비해 유연성이 있습니다. 선택자에 태그 이름을 기술해서 고정시키는 것이 아니라 클래스 이름으로 스타일을 선언하고 뒤에서 태그의 class 속성으로 클래스를 지정함으로써 스타일을 선택할 수 있기 때문입니다.

클래스 선택자를 사용하는 다음의 'css01-3.html' 문서를 봅시다.

▶ **css01-3.html**

```
<!doctype html>
<html lang="ko">
<head>
<meta charset="utf-8">
<title>CSS 클래스 선택자의 사용</title>

<style>
.grey {
  text-align: center;
  color: grey;
}

.blue {
  text-align: center;
  color: blue;
}

</style>

</head>
<body>

<h3 class="blue">헤더입니다.</h3>
<p class="grey">이 단락은 스타일이 지정되었습니다.</p>
<p class="blue">가운데 청색으로 표시됩니다!</p>

</body>
</html>
```

▶ 실행 결과

▣ CSS 클래스 선택자의 사용 × 🗋

헤더입니다.

이 단락은 스타일이 지정되었습니다.

가운데 청색으로 표시됩니다!

클래스 선택자는 스타일을 선언할 때 점(.) 뒤에 클래스 이름을 기술합니다. 그리고 태그를 기술하면서 'class="클래스 이름"'의 형식으로 그 태그에서 사용할 스타일을 지정합니다.

이렇게 클래스 지정자를 사용하면 1개의 스타일을 여러 개의 태그에 지정할 수도 있고, 거꾸로 1개의 태그에 여러 개의 스타일을 지정할 수도 있기 때문에 제일 많이 사용됩니다. 클래스 선택자를 선언할 때 점 앞에 태그를 기술함으로써 그 태그에만 해당 클래스가 사용될 수 있게 제한할 수도 있습니다. 그런 예를 보여주는 다음의 'css01-4.html' 문서를 봅시다.

▶ css01-4.html

```html
<!doctype html>
<html lang="ko">
<head>
<meta charset="utf-8">
<title>CSS 클래스 선택자의 사용</title>

<style>
p.grey {
   text-align: center;
   color: grey;
}
```

```
p.blue {
  text-align: center;
  color: blue;
}
</style>

</head>
<body>

<h3 class="blue">헤더입니다.</h3>
<p class="grey">이 단락은 스타일이 지정되었습니다.</p>
<p class="blue">가운데 청색으로 표시됩니다!</p>

</body>
</html>
```

실행 결과를 봅시다. 헤더에는 스타일이 적용되지 않았습니다. 소스 코드를 보면
〈h3〉 태그에도 'blue' 클래스를 지정했으나, 〈h3〉 태그에는 그 클래스가 적용되지 않
은 것입니다. 이것은 클래스를 선언할 때 'p.grey', 'p.blue'와 같이 선언했기 때문입니
다. 이렇게 선언하면 'grey'와 'blue' 클래스는 〈p〉 태그에만 적용됩니다. 클래스를 선
언하되 그 클래스가 특정 태그에만 유효하도록 제한한 것입니다.

id 선택자

스타일을 선언할 때 클래스 선택자는 점을 기술하고 그 뒤에 클래스 이름을 기술한 것 처럼, id 선택자는 #을 기술하고 그 뒤에 id 이름을 기술합니다. 그리고 태그를 기술하면서 'id=아이디 이름'의 형식으로 그 태그에서 사용할 스타일을 지정합니다. id 선택자를 사용한 다음의 'css01-5.html' 문서를 봅시다.

▶ **css01-5.html**

```
<!doctype html>
<html lang="ko">
<head>
<meta charset="utf-8">
<title>CSS id 선택자의 사용</title>

<style>
#grey {
  text-align: center;
  color: grey;
}

#blue {
  text-align: center;
  color: blue;
}
</style>

</head>
<body>

<h3 id="grey">헤더입니다.</h3>
```

```
<p>이 단락은 스타일이 지정되었습니다.</p>
<p id="blue">가운데 청색으로 표시됩니다!</p>

</body>
</html>
```

▶ 실행 결과

헤더입니다.

이 단락은 스타일이 지정되었습니다.

가운데 청색으로 표시됩니다!

id 선택자의 사용 문법이나 사용 효과가 클래스 선택자와 비슷해 보이지만 id 선택자는 해당 페이지에서 여러 번 사용될 수 있는 클래스와 달리 딱 한 번만 사용되어야 한다는 차이점이 있습니다 id 선택자는 대개 이미지나 목록 등의 크기, 위치와 같은 레이아웃을 설정할 때 사용합니다.

참고하세요

이런 규칙을 지키지 않고 id 선택자를 여러 번 사용했다고 해서 문서가 실행이 되지 않거나 오류가 발생하는 것은 아닙니다. 그러나 id 선택자를 만든 합의된 목적이 있기 때문에 따르는 것이 원칙입니다.

그룹 선택자

그룹(Group) 선택자는 여러 개의 요소(태그)에 동일한 스타일을 지정할 때 사용합니다. 그룹 선택자를 사용하고 있는 다음의 'css01-6.html' 문서를 봅시다.

▶ **css01-6.html**

```
<!doctype html>
<html lang="ko">
<head>
<meta charset="utf-8">
<title>CSS 그룹 선택자의 사용</title>

<style>
h3, h4, p {
   text-align: center;
   color: blue;
}
</style>

</head>
<body>

<h3>헤더입니다.</h3>
<h4>이 단락은 스타일이 지정되었습니다.</h4>
<p>가운데 청색으로 표시됩니다!</p>

</body>
</html>
```

앞의 코드에서 보듯이 콤마로 구분하여 3개의 태그를 선택자로 지정했고 그 3개의 태그에는 모두 동일한 스타일이 지정되었습니다. 이와 같이 동일한 스타일 그룹을 선언할 때 그룹 선택자를 사용합니다.

CSS 코드를 기술하는 3가지 방법

지금까지 우리는 〈head〉~〈/head〉 태그 사이에 〈style〉~〈/style〉 태그를 기술하고 그 안에 CSS 코드를 기술했습니다. 이런 방식은 내부 스타일 시트(Internal Style Sheet)를 사용한 것이며, CSS 코드는 다음과 같은 3가지 방법으로 기술할 수 있습니다.

• 인라인 스타일(Inline Style) : html 태그의 style 속성으로 기술
• 내부 스타일 시트(Internal Style Sheet) : 〈style〉~〈/style〉 사이에 기술
• 외부 스타일 시트(External Style Sheet) : 별도의 .css 파일에 기술

인라인 스타일(Inline Style)

인라인 스타일은 가장 간단한 스타일 지정 방법으로서, 태그에 style 속성을 추가하여 해당 요소에만 CSS의 프로퍼티와 값을 지정합니다. 인라인 스타일의 사용 예를 보여주는 다음의 'css01-7.html' 문서를 봅시다.

▶ **css01-7.html**

```
<!doctype html>
<html lang="ko">
<head>
<meta charset="utf-8">
<title>인라인 스타일</title>
```

```
</head>
<body>

<h3 style="text-align:center; color:red;">헤더입니다.</h3>
<p style="text-align:right; color:blue;">오른쪽에 청색으로 표시됩니
다!</p>
<p>스타일을 지정하지 않았습니다.</p>

</body>
</html>
```

▶ 실행 결과

헤더입니다.

오른쪽에 청색으로 표시됩니다!

스타일을 지정하지 않았습니다.

간단하기는 하지만 꼭 필요한 경우가 아니면 이 방법은 피하는 것이 좋습니다. 인라인 스타일은 내용을 정의하는 태그와 디자인하는 CSS 프로퍼티가 섞여 있어서 전체적으로 문서의 소스 코드가 복잡해집니다. 웹 표준화 단체인 W3C(World Wide Web Consortium)에서도 내용과 디자인을 완전히 분리할 것을 권하고 있습니다.

내부 스타일 시트(Internal Style Sheet)

내부 스타일 시트는 지금까지 우리가 사용했던 방식으로 〈style〉~〈/style〉 태그 사이에 CSS 코드를 기술합니다. 대부분 〈head〉~〈/head〉 태그 사이에 〈style〉~〈/style〉 태그를 기술하고 그 안에 CSS 코드를 기술합니다.

그러나 만일 〈head〉 태그가 없다면 〈body〉 태그 보다 앞에서 〈style〉~〈/style〉 태그를 기술하고 그 안에 CSS 코드를 기술하면 됩니다. 내부 스타일 시트는 HTML 태그와 CSS 코드를 분리하는 효과가 있으며 하나의 문서만 디자인할 때 유용한 방식입니다. CSS 코드가 해당 문서 내에 기술되었기 때문에 그 디자인의 적용은 해당 문서에 국한됩니다. 만일 동일한 디자인을 다른 문서에도 공유해서 적용하려면 외부 스타일 시트를 사용하면 됩니다. 내부 스타일 시트는 지금까지 자주 봤으므로 예제는 생략합니다.

외부 스타일 시트(External Style Sheet)

외부 스타일 시트는 CSS 코드를 별도의 파일(.css)에 기록해 두고 HTML 문서와 그 파일을 연결해서 사용합니다. 예제부터 보겠습니다. 실습을 위해 CSS 코드를 기록한 'styletest.css'라는 파일을 만들어 두어야 합니다. 이 파일은 확장자가 '.css'일 뿐 기존의 HTML 문서와 동일하게 작성하면 됩니다. 'styletest'라는 파일 이름은 필자가 임의로 지정한 것입니다. 원하는 파일 이름을 임의로 지정하면 됩니다.

▶ styletest.css

```
h3 {
  text-align:center;
  color:grey;
}

p {
  text-align: center;
  color: blue;
}
```

이 스타일 시트에는 단순히 CSS 코드만 기술됩니다. 즉, 〈style〉과 같은 태그가 전혀 없습니다. 이제 다음의 'css01-8.html' 문서에서는 〈link〉 태그를 사용하여 앞의 'styletest.css' 파일을 문서에 연결합니다.

```
<!doctype html>
<html lang="ko">
<head>
<meta charset="utf-8">
<title>외부 스타일</title>

<link rel="stylesheet" type="text/css" href="styletest.css">

</head>
<body>

<h3>헤더입니다.</h3>
<p>이 단락은 스타일이 지정되었습니다.</p>
<p>가운데 청색으로 표시됩니다!</p>

</body>
</html>
```

▶ 실행 결과

헤더입니다.

이 단락은 스타일이 지정되었습니다.

가운데 청색으로 표시됩니다!

〈link〉 태그는 〈head〉~〈/head〉 태그 사이에 기술합니다. 이 태그는 끝 태그가 없는 빈 태그로 웹 문서와 외부 자원을 연결하거나 외부 스타일 시트를 연결할 때 사용합니다.

'rel'과 'type' 속성은 반드시 위와 같이 기술하고, .css 파일이 해당 문서와 다른 폴더에 있을 때는 정확한 경로명을 'href' 속성에 기술하면 됩니다. 이와 같은 외부 스타일 시트는 연결되는 .css 파일 내에 모든 CSS 코드가 있어 관리도 편하고 동일한 디자인을 다른 문서에 적용하기도 쉽습니다. 실무에서는 외부 스타일 시트를 많이 사용하지만 우리는 간단한 문서로 학습 중이므로 내부 스타일 시트를 계속 사용할 것입니다.

스타일 시트의 우선 순위

3가지 스타일 시트 중에서 제일 우선 순위가 높은 것은 인라인 스타일입니다.

예를 들어, 내부 스타일 시트나 외부 스타일 시트에서 'color:red'를 지정했어도, 인라인 스타일로 'color:blue'를 지정하면 최종 디자인은 'color:blue'로 출력됩니다. 반면에 내부 스타일 시트와 외부 스타일 시트는 동일한 우선 순위를 가지며, 기술된 순서에 따라 결과가 달라집니다. 〈link〉 태그와 〈style〉 태그 중 어느 태그가 먼저 기술되었는가에 따라 최종 출력이 달라집니다. 나중에 기술된 태그가 유효하기 때문입니다.

우선 순위를 보여주기 위해 3가지 방식을 모두 사용하고 있는 다음의 'css01-9.html' 문서를 봅시다.

▶ **css01-9.html**

```
<!doctype html>
<html lang="ko">
<head>
<meta charset="utf-8">
<title>스타일 우선 순위</title>

<link rel="stylesheet" type="text/css" href="styletest.css">

<style>
h3 {
    text-align: right;
```

```
    }
  </style>

  </head>
  <body>

  <h3>헤더입니다.</h3>
  <p style="color:green">이 단락은 스타일이 지정되었습니다.</p>
  <p>가운데 청색으로 표시됩니다!</p>

  </body>
  </html>
```

▶ 실행 결과

외부 스타일 시트의 내용은 다음과 같이 이전과 동일합니다.

▶ styletest.css

```
h3 {
  text-align:center;
  color:grey;
}
p {
  text-align: center;
  color: blue;
}
```

소스 코드를 보면 〈link〉 태그 뒤에 〈style〉 태그가 기술되었습니다. 따라서 'styletest.css' 파일에 있는 CSS 코드와 〈style〉 내에 있는 CSS 코드가 충돌되면 뒤에 기술된 〈style〉 태그 내의 코드가 적용됩니다. 만일 〈style〉 태그를 먼저 기술하고, 〈link〉 태그를 뒤에 기술하면 그때는 'styletest.css' 파일의 CSS 코드가 최종적으로 적용됩니다.

그러나 〈link〉 태그도, 〈style〉 태그도 인라인 스타일보다는 후순위입니다. 인라인 스타일이 있으면 다른 시트들의 동일한 코드들은 모두 인라인 스타일의 코드로 대체됩니다.

CSS는 'Cascading Style Sheet'의 약자입니다. 'Cascading'은 '폭포 같은, 연속적인'이라는 의미이고, CSS는 디자인의 효과가 우선 순위를 따라 연속적으로 흐르면서 적용되는 스타일(디자인) 시트라는 의미입니다. 그래서 동일한 코드가 있으면 대체되지만 대체되지 않는 코드들은 그대로 적용됩니다.

예를 들어, 외부 스타일 시트에서 'color:red'와 'text-align:center'를 지정했는데 인라인 스타일로 'color:blue'만 지정했다고 가정해 봅시다. 그러면 최종 출력은 'color:blue'와 'text-align:center'가 적용됩니다.

충돌되는 코드만 대체되고 다른 코드는 그대로 폭포처럼 흐르는(cascade) 것입니다. 이러한 지식을 바탕으로 앞의 예제에서 'styletest.css' 파일의 내용과 소스 코드와 결과를 잘 비교하면서 살펴보기 바랍니다.

참고하세요

스타일 시트에도 주석(Comment)을 기술할 수 있습니다. /*와 */ 사이에 기술하며 여러 줄에 걸쳐 기술할 수도 있습니다.

```
.grey {
    text-align:center;
    /* 가운데로 정렬합니다. */
    color:grey;
    /* 색상은 본사의 대표 색인 회색을 사용합니다. */
}
```

CSS에서 색 지정 방법과 단위 알아보기

웹 문서를 만들면서 글자나 표와 같은 요소의 배경에 색상을 넣거나 글자의 크기와 표나 그림과 같은 요소의 크기를 지정해야 하는 경우가 매우 많습니다. 여기에서는 웹 문서의 요소에 색을 지정하는 방법과 크기를 지정할 때 사용하는 단위에 대해서 알아보겠습니다.

색을 지정하는 방법

웹 문서에서 색은 필수적인 요소입니다. 색은 3가지 방식으로 지정할 수 있습니다. 예를 들어, 다음은 모두 빨간색을 의미합니다.

- 색 이름으로 지정 : "red"
- RGB 값으로 지정 : "rgb(255, 0, 0)"
- 16진수 값으로 지정 : "#ff0000"

'rgb'는 'red', 'green', 'blue'를 의미하며 이 3가지 색의 혼합으로 모든 색을 표현합니다. rgb(red, green, blue)와 같이 값을 지정하며 rgb(0, 0, 0) 부터 rgb(255, 255, 255)까지 지정할 수 있습니다. 다음의 예를 봅시다.

▶ **css01-10.html**

```
<!doctype html>
<html lang="ko">
<head>
<meta charset="utf-8">
```

```
<title>색을 지정하는 방법</title>
</head>
<body>

<h3>색을 지정하는 3가지 방법</h3>

<h3 style="background-color: LightGreen">
background-color: LightGreen
</h3>

<h3 style="background-color: rgb(144,238,144)">
background-color: rgb(144,238,144)
</h3>

<h3 style="background-color: #90EE90">
background-color: #90EE90
</h3>

<h3 style="background-color: yellow">
background-color: yellow
</h3>

<h3 style="background-color: rgb(255,255,0)">
background-color: rgb(255,255,0)
</h3>

<h3 style="background-color: #FFFF00">
background-color: #FFFF00
</h3>

</body>
</html>
```

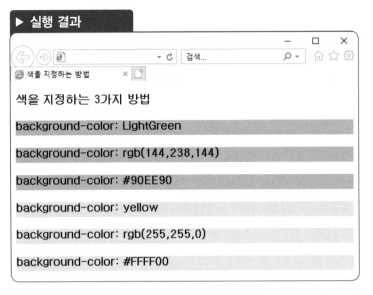

▶ 실행 결과

색을 지정하는 3가지 방법

background-color: LightGreen

background-color: rgb(144,238,144)

background-color: #90EE90

background-color: yellow

background-color: rgb(255,255,0)

background-color: #FFFF00

옅은 녹색과 노란색을 각각 3가지 방법으로 표현했습니다. 대개 16진수 값을 많이 사용하나 색 이름이나 rgb( )를 사용해도 됩니다. 색의 이름이나 값은 인터넷에서 'rgb'라는 키워드로 쉽게 찾아볼 수 있습니다.

특히 'http://html-color-codes.info/'를 방문하면 색에 대한 정보가 편리하게 정리되어 있습니다. 앞서 배운 rgb( ) 외에 rgba( )도 있습니다.

rgba(red, green, blue, alpha)와 같이 기술하는데, 'alpa'는 투명도 값으로 0.0(완전 투명)에서 1.0(완전 불투명)까지 지정할 수 있습니다. rgba( )의 예는 예제 'css01-10(alpha).html'을 참조하기 바랍니다.

참고하세요

사실은 색을 지정하는 방법이 더 있습니다. CSS3에서 추가된 기능으로 hsl( )와 hlsa( )가 있는데 색조(hue), 채도(saturation), 명도(lightness)를 사용하는 방법입니다. 웹에서 색의 표현은 rgb( ), rgba( )로 충분하기 때문에 여기서는 더 설명하지 않겠습니다. 필요하면 인터넷에서 찾아보길 바랍니다.

CSS에서 사용하는 단위

웹 문서를 디자인하면서 여백이나 폰트, 너비 등의 길이나 크기를 지정하기 위해 사용하는 단위에 대해 알아봅시다. 우리가 일상적으로 사용하는 cm, mm, in(인치 ; 1인치는 2.54cm)도 사용할 수 있고, ex, ch 등과 같은 특별한 단위도 있으나 가장 많이 사용하는 3가지 기본적인 단위는 다음과 같습니다.

• 1px : 1/96 인치
• 1pt : 1/72 인치
• 1em : 16인치 또는 현재 폰트 크기의 배수

아마도 픽셀(px)이나 포인트(pt)는 알고 있겠지만 em은 생소할 것입니다. 픽셀이나 포인트는 절대값이고, em은 상대값입니다. em은 상위 폰트 크기의 배수를 의미합니다. 예를 들어, 상위 폰트 크기가 10px이면 2em은 10 × 2 = 20px됩니다. 상위 폰트가 없거나 폰트 크기를 지정하지 않으면 기본인 16px이 적용됩니다. 그래서 그때는 2em이 16 × 2 = 32px이 됩니다. 다음의 예를 봅시다.

▶ **css01-11.html**

```
<!doctype html>
<html lang="ko">
<head>
<meta charset="utf-8"><title>CSS에서 사용하는 단위</title>
</head>

<style>
p {
  font-size: 20px;
  line-height: 2em;
}
```

```
div {
    font-size: 30px;
    border: 1px solid red;
}
span {
    font-size: 0.5em;
}
</style>
</head>

<body>
<p>이 단락의 라인 간격은 2 x 20px = 40px 입니다.</p>
<p>이 단락의 라인 간격은 2 x 20px = 40px 입니다.</p>

<div>
<span>이 단락의 폰트 크기는 0.5 x 30 = 15px 입니다.</span>
</div>

</body>
</html>
```

PROGRAMMING

▶ 실행 결과

이 단락의 라인 간격은 2 x 20px = 40px 입니다.

이 단락의 라인 간격은 2 x 20px = 40px 입니다.

이 단락의 폰트 크기는 0.5 x 30 = 15px 입니다.

〈p〉 태그는 폰트 크기가 20px입니다. 따라서 'lineheight : 2em'은 20px의 2배이므로 40px이 됩니다.

〈div〉 태그에는 'font-size: 30px'이 지정되었고, 그 아래에 사용되는 〈span〉 태그에는 'font-size: 0.5em'이 지정되었습니다.

상위의 〈div〉 태그에 지정된 폰트 크기가 30px이므로 하위의 〈span〉 태그에서 사용되는 폰트 크기는 30 × 0.5=15px가 됩니다.

요점 정리

- html 태그는 웹 문서의 내용을 기술하는 언어이고, CSS는 웹 문서를 디자인하는 언어입니다. 둘 다 브라우저가 해석해서 결과를 보여줍니다.
- html 태그는 '속성=값'의 쌍으로 추가 정보를 제공합니다. 반면에 CSS 는 '프로퍼티: 값;'의 쌍으로 디자인 정보를 제공합니다.
- CSS 코드는 선택자(Selector), 프로퍼티(Property), 값(Value)으로 구성됩니다.
- 선택자는 스타일을 적용할 html 요소(태그)를 지정합니다.
- 프로퍼티와 값은 콜론으로 구분하고, 값의 뒤에 세미콜론을 기술합니다.
- CSS의 기본 선택자에는 요소(태그) 선택자, 클래스 선택자, id 선택자, 그룹 선택자 등이 있습니다.
- 요소 선택자는 태그를 의미하며 해당 태그를 사용할 때마다 자동적으로 스타일이 지정됩니다.
- 클래스(Class) 선택자 클래스 이름으로 스타일을 선언하고 뒤에서 태그의 class 속성으로 클래스를 지정함으로써 스타일을 선택할 수 있습니다.
- 클래스 선택자를 선언할 때 점 앞에 태그를 기술함으로써 그 태그에만 해당 클래스가 사용될 수 있게 제한할 수도 있습니다.
- 스타일을 선언할 때 클래스 선택자는 점을 기술하고 그 뒤에 클래스 이름을 기술한 것 처럼, id 선택자는 #을 기술하고 그 뒤에 id 이름을 기술합니다.
- 그룹 선택자는 여러 개의 요소(태그)에 동일한 스타일을 지정할 때 사용합니다.

- CSS 코드는 인라인 스타일(Inline Style), 내부 스타일 시트(Internal Style Sheet), 외부 스타일 시트(External Style Sheet) 등 3가지 방법으로 기술할 수 있습니다.

- 스타일 시트는 적용되는 우선 순위가 있으며 인라인 스타일이 제일 높은 순위를 가집니다.

- 내부 스타일 시트와 외부 스타일 시트는 문서에 먼저 기술된 시트가 우선 순위가 높습니다.

- CSS는 'Cascading Style Sheet'의 약자로 디자인의 효과가 우선 순위에 따라 연속적으로 흐르면서 적용되는 스타일(디자인) 시트라는 의미입니다. 그래서 동일한 코드가 있으면 대체되지만 대체되지 않는 코드들은 그대로 적용됩니다.

- 색은 색 이름, rgb(red, green, blue), 16진수 값 등으로 지정할 수 있습니다.

- 단위는 px, pt, em을 주로 사용하며, em은 상위 폰트 크기의 배수로 상대적으로 크기를 지정합니다. 폰트 크기가 지정되지 않았으면 기본 폰트 크기는 16px로 간주됩니다.

Chapter

2

코딩 첫걸음 시리즈

Cascading

Style

Sheets

테두리와 박스

테두리 종류 지정하기

테두리를 지정할 때에는 border-style 프로퍼티를 사용하고 테두리의 모양은 여러 종류가 있으며 그에 따른 다양한 값을 지정합니다. 먼저 테두리의 종류(style)를 지정하는 방법을 알아보기 위해 'css02-1.html' 문서를 실행시켜 봅시다.

▶ **css02-1.html**

```
<!doctype html>
<html lang="ko">
<head>
<meta charset="utf-8">
<title>테두리 종류 지정하기</title>
<style>
.solid {border-style: solid;}
.double {border-style: double;}
.dotted {border-style: dotted;}
.dashed {border-style: dashed;}
.groove {border-style: groove;}
.ridge {border-style: ridge;}
.inset {border-style: inset;}
.outset {border-style: outset;}
.none {border-style: none;}
.hidden {border-style: hidden;}
.mix {border-style: solid double dotted dashed;}
</style>
</head>
```

```
<body>

<h3>border-style의 예</h3>

<h4 class="solid">solid 스타일 사용</h4>
<h5 class="double">double 스타일 사용</h5>
<p class="dotted">dotted 스타일 사용</p>
<p class="dashed">dashed 스타일 사용</p>
<p class="groove"><b>groove 스타일 사용</b></p>
<p class="ridge"><b>ridge 스타일사용</b></p>
<p class="inset"><i>inset 스타일 사용</i></p>
<p class="outset"><i> outset 스타일 사용</i></p>
<p class="none"><strong>none 스타일 사용</strong></p>
<p class="hidden"><strong>hidden 스타일 사용</strong></p>
<p class="mix">mix 스타일 사용</p>
</body>
</html>
```

▶ 실행 결과

border-style의 예

solid 스타일 사용

double 스타일 사용

dotted 스타일 사용

dashed 스타일 사용

groove 스타일 사용

ridge 스타일사용

inset 스타일 사용

outset 스타일 사용

none 스타일 사용

hidden 스타일 사용

mix 스타일 사용

〈style〉~〈/style〉 태그 사이에 11개의 클래스를 선언하고 나서 〈body〉 태그 이후에 각 태그의 class 속성으로 클래스를 지정하여 텍스트에 테두리를 표시하고 있습니다. 〈h4〉, 〈h5〉와 같은 헤딩 태그나 〈p〉 태그는 물론 〈b〉, 〈i〉, 〈strong〉과 같은 인라인 요소들을 사용할 때도 테두리가 정상적으로 표시됨을 알 수 있습니다.

테두리는 상, 하, 좌, 우 4개의 변으로 구성되기 때문에 각 변의 스타일(종류)를 서로 다르게 지정할 수도 있으며 축약 형식으로 지정할 수도 있습니다.

다음의 예를 봅시다.

▶ css02-2.html

```
<!doctype html>
<html lang="ko">
<head>
<meta charset="utf-8">
<title>테두리 종류 지정하기</title>

<style>
.style{
  border-top-style: solid;
  border-right-style: double;
  border-bottom-style: dotted;
  border-left-style: dashed;
}

.style4 {
  border-style: solid double dotted dashed
}

.style3 {
  border-style: solid double dotted
}
```

```
.style2 {
  border-style: solid double
}

.style1 {
  border-style: solid
}

</style>
</head>
<body>

<h3>4개 변을 지정하는 예</h3>

<p class="style">4개 스타일의 예입니다.</p>
<p class="style4">4개 축약 스타일의 예입니다.</p>
<p class="style3">3개 축약 스타일의 예입니다.</p>
<p class="style2">2개 축약 스타일의 예입니다.</p>
<p class="style1">1개 축약 스타일의 예입니다.</p>

</body>
</html>
```

▶ 실행 결과

			– □ ×

← → 🔲   ▾ C   검색...   🔍 ▾   🏠 ☆ ⚙ 🙂

🔵 테두리 종류 지정하기   ✕   ◻

4개 변을 지정하는 예

4개 스타일의 예입니다.

4개 축약 스타일의 예입니다.

3개 축약 스타일의 예입니다.

2개 축약 스타일의 예입니다.

1개 축약 스타일의 예입니다.

border-top-style, border-right-style, border-bottom-style, border-left-style 등의 프로퍼티를 이용해서 4개 변의 스타일을 각각 지정할 수도 있고, border-style 프로퍼티를 사용해서 테두리의 스타일을 축약 형식으로 지정할 수도 있습니다. 축약 형식의 경우 다음과 같이 지정합니다.

- border-style : solid double dotted dashed
  ➡ top : solid, right : double, bottom : dotted, left : dashed
- border-style : solid double dotted
  ➡ top : solid, right, left : double, bottom : dotted
- border-style : solid double
  ➡ top, bottom : solid, right, left : double
- border-style : solid
  ➡ 모두 solid

테두리 두께 지정하기

웹 문서의 요소에 테두리의 여러 가지 모양의 테두리를 넣어 보았는데 테두리의 두께도 변경할 수 있답니다. 테두리의 두께는 border-width 프로퍼티를 사용하면 조절할 수 있습니다.

테두리의 너비는 'thin', 'medium', 'thick' 등의 정의된 값을 사용할 수도 있고, px, pt, cm, em 등의 숫자 단위로 지정할 수도 있습니다. 먼저 정의된 값을 사용해서 테두리의 두께를 지정하는 방법을 알아보기 위해 'css02-3.html' 문서를 실행시켜 봅시다.

▶ css02-3.html

```
<!doctype html>
<html lang="ko">
<head>
<meta charset="utf-8">
<title>테두리 너비 지정하기</title>
<style>
.thin {
  border-style: solid;
  border-width: thin;
}
.medium {
  border-style: solid;
  border-width: medium;
}
```

```
.thick {
  border-style: solid;
  border-width: thick;
}
</style>

</head>
<body>

<h3>border-width의 예</h3>

<p class="thin">thin의 예입니다.</p>
<p class="medium">medium의 예입니다.</p>
<p class="thick">thick의 예입니다.</p>

</body>
</html>
```

▶ 실행 결과

border-width의 예

thin의 예입니다.

medium의 예입니다.

thick의 예입니다.

정의된 값을 사용하면 간단하기는 하지만 대부분은 숫자로 미세하게 너비를 조절합
니다. 이번에는 숫자로 지정하는 예를 봅시다.

▶ css02-4.html

```
<!doctype html>
<html lang="ko">
<head>
<meta charset="utf-8">
<title>테두리 두께 지정하기</title>

<style>
.two_px {
  border-style: solid;
  border-width: 2px;
}

.five_px {
  border-style: solid;
  border-width: 5px;
}

.two_em {
  border-style: solid;
  border-width: 0.2em;
}

.five_em {
  border-style: solid;
  border-width: 0.5em;
}

</style>

</head>
<body>
```

```
<h3>border-width의 예</h2>

<p class="two_px">2px의 예입니다.</p>
<p class="five_px">5px의 예입니다.</p>
<p class="two_em">0.2em의 예입니다.</p>
<p class="five_em">0.5em의 예입니다.</p>

</body>
</html>
```

숫자와 단위를 사용하면 미세하게 너비를 조절할 수 있어 효율적입니다.

테두리 색 지정하기

30페이지에서 웹 문서의 요소에 색상을 지정하는 방법을 알아보았습니다. 테두리의 모양이나 두께를 변경할 수 있다면 당연히 색도 변경할 수 있겠지요? 테두리의 색은 border-color 프로퍼티를 사용하면 지정할 수 있습니다. 색은 이름, RGB, 16진수 등 으로 지정할 수 있는데 'css02-5.html' 문서를 실행시켜 알아보기로 하겠습니다.

▶ **css02-5.**html

```
<!doctype html>
<html lang="ko">
<head> <meta charset="utf-8"><title>테두리 색 지정하기</title>

<style>
.two_px {
  border-style: solid;
  border-width: 2px;
  border-color: red;
}

.five_px {
  border-style: solid;
  border-width: 5px;
  border-color: blue;
}

.two_em {
  border-style: solid;
  border-width: 0.2em;
```

```
    border-color: green;
}

.five_em {
    border-style: solid;
    border-width: 0.5em;
    border-color: yellow;
}
</style>

</head>
<body>

<h3>border-color의 예</h2>

<p class="two_px">2px red의 예입니다.</p>
<p class="five_px">5px blue의 예입니다.</p>
<p class="two_em">0.2em green의 예입니다.</p>
<p class="five_em">0.5em yellow의 예입니다.</p>

</body>
</html>
```

▶ 실행 결과

여기서 사용한 'red', 'blue' 등의 색 이름을 RGB나 16진수로 수정해서 테스트해 보기 바랍니다.

PROGRAMMING

테두리 두께, 스타일, 색을 한번에 지정하기

테두리의 두께, 스타일, 색 등을 한 줄에 간단하게 지정할 때에는 border 프로퍼티를
사용합니다. 'css02-6.html' 파일을 열어서 알아봅시다.

▶ css02-6.html

```
중략
<style>
.border_all {
    border: 10px double blue;
}
</style>
</head>
<body>

<h3>테두리 한번에 지정하는 예</h3>
<p class="border_all">테두리 너비, 스타일, 색을 한번에 지정한 예</p>
중략
```

▶ 실행 결과

테두리 한번에 지정하는 예

테두리 너비, 스타일, 색을 한번에 지정한 예

border 프로퍼티에는
'두께', '스타일', '색'의 순
서로 값을 지정합니다.

테두리 여백 지정하기

웹 문서 테두리는 두께나 색, 스타일 이외에도 요소의 바깥쪽과 안쪽에 테두리를 중심으로 여백을 줄 수 있습니다. 테두리의 여백을 설정할 때는 바깥쪽과 안쪽의 프로퍼티는 다르며, 값으로 사용하는 단위는 픽셀(px)를 많이 사용합니다.

테두리 바깥 여백 지정하기

테두리의 바깥 여백을 지정할 때 margin을 사용합니다. margin을 지정하면 테두리 외부의 상하좌우에 여백이 생겨서 다른 내용과 구분할 수 있습니다. 다음의 'css02-7. html' 문서를 실행시켜 봅시다.

▶ **css02-7.html**

```
<!doctype html>
<html lang="ko">
<head>
<meta charset="utf-8">
<title>테두리 바깥 여백 지정하기</title>

<style>
.sample {
  border:2px solid red;
  margin-top: 20px;
  margin-rigjt: 40px;
```

```
    margin-bottom: 60px;
    margin-left: 80px;
  }
</style>
</head>
<body>

<h3>margin 프로퍼티 지정 예</h3>

<p>이 내용은 테두리 위쪽에 표시됩니다.</p>
<p class="sample">이 문단은 테두리 안에 표시됩니다.</p>
<p>이 내용은 테두리 아래쪽에 표시됩니다.</p>

</body>
</html>
```

▶ 실행 결과

margin-top, margin-right, margin-bottom, margin-left 등의 프로퍼티로 테두리의 4개 변의 바깥 여백을 지정했습니다. 또한 margin 프로퍼티를 사용하면 축약 형식으로 간단하게 바깥 여백을 지정할 수도 있습니다. 다음의 예를 봅시다.

```
중략
<style>
.sample {
    border:2px solid red;
    margin: 20px 40px 60px 80px;
}
</style>

</head>
<body>

<h3>margin 프로퍼티 지정 예</h3>

<p>이 내용은 테두리 위쪽에 표시됩니다.</p>
<p class="sample">top:20px right:40px bottom:60px left:80px를 지정</p>
<p>이 내용은 테두리 아래쪽에 표시됩니다.</p>

</body>
</html>
```

▶ 실행 결과

| — □ ×
| 검색... | ♀ ▾ | ⌂ ☆ ⚙ ☺
테두리 바깥 여백 지정하기 ×

margin 프로퍼티 지정 예

이 내용은 테두리 위쪽에 표시됩니다.

┌───┐
│ top:20px right:40px bottom:60px left:80px를 지정   │
└───┘

이 내용은 테두리 아래쪽에 표시됩니다.

margin 프로퍼티는 다음과 같이 축약 형식으로 값을 지정할 수 있습니다.

- margin : 20px 40px 60px 80px;
  - ➡ top : 20px, right : 40px, bottom : 60px, left : 80px
- margin : 20px 40px 60px;
  - ➡ top : 20px, right, left : 40px, bottom : 60px
- margin : 20px 40px;
  - ➡ top, bottom : 20px, right, left : 40px
- margin : 20px;
  - ➡ 모두 20px

테두리 안쪽 여백 지정하기

테두리 안쪽의 여백을 지정할 때 padding을 사용합니다. padding을 지정하면 요소의 테두리와 내용 사이에 여백을 지정할 수 있습니다. 다음의 'css02-9.html' 문서를 실행시켜 봅시다.

▶ css02-9.html

```
<!doctype html>
<html lang="ko">
<head>
<meta charset="utf-8">
<title>테두리 안쪽 여백 지정</title>

<style>
.sample {
  border:2px solid red;
```

```
    padding-top: 20px;
    padding-right: 40px;
    padding-bottom: 60px;
    padding-left: 80px;
}
</style>

</head>
<body>

<h3>padding 프로퍼티 지정 예</h3>

<p>이 내용은 테두리 위쪽에 표시됩니다.</p>
<p class="sample">이 문단은 테두리 안에 표시됩니다.</p>
<p>이 내용은 테두리 아래쪽에 표시됩니다.</p>

</body>
</html>
```

▶ 실행 결과

padding 프로퍼티 지정 예

이 내용은 테두리 위쪽에 표시됩니다.

이 문단은 테두리 안에 표시됩니다.

이 내용은 테두리 아래쪽에 표시됩니다.

padding-top, padding-right, padding-bottom, padding-left 등의 프로퍼티를 사용해서 테두리의 4개 변의 안쪽 여백을 지정했습니다. 또한 padding 프로퍼티를 사용하면 축약 형식으로 안쪽 여백을 간단하게 지정할 수도 있습니다. 다음의 예를 봅시다.

▶ css02-10.html

```
<!doctype html>
<html lang="ko">
<head>
<meta charset="utf-8">
<title>테두리 안쪽 여백 지정</title>

<style>
.sample {
  border: 2px solid red;
  padding: 20px 40px 60px 80px;
}
</style>

</head>
<body>

<h3>padding 프로퍼티 지정 예</h3>

<p>이 내용은 테두리 위쪽에 표시됩니다.</p>
<p class="sample">top:20px right:40px bottom:60px left:80px를 지정</p>
<p>이 내용은 테두리 아래쪽에 표시됩니다.</p>

</body>
</html>
```

padding 프로퍼티를 사용하면 다음과 같이 축약 형식으로 값을 지정할 수 있습니다.

- padding : 20px 40px 60px 80px;
  - ➡ top : 20px, right : 40px, bottom : 60px, left : 80px
- padding : 20px 40px 60px;
  - ➡ top : 20px, right, left : 40px, bottom : 60px
- padding : 20px 40px;
  - ➡ top, bottom : 20px, right, left : 40px
- padding : 20px;
  - ➡ 모두 20px

테두리 크기 지정하기

테두리의 전체 크기는 width(가로 길이)와 height(세로 길이) 프로퍼티로 지정할 수 있습니다. 다음의 예를 보겠습니다.

▶ **css02-11.html**

```
<!doctype html>
<html lang="ko">
<head>
<meta charset="utf-8">
<title>테두리 크기 지정하기</title>

<style>
.sample {
  border: 4px solid red;
  width: 400px;
  height: 200px;
}
</style>
</head>
<body>

<h3>height / width 프로퍼티의 예</h2>

<p>이 내용은 테두리 위쪽에 표시됩니다.</p>
<p class="sample">이 문단은 테두리 안에 표시됩니다.</p>
<p>이 내용은 테두리 아래쪽에 표시됩니다.</p>

</body>
</html>
```

width와 height 프로퍼티로 지정한 크기대로 위와 같이 테두리가 표시됩니다.

테두리의 너비(굵기)는 "border-width" 프로퍼티를 사용했지?

응. 테두리의 가로 길이는 "width" 프로퍼티를 사용해. 둘이 헷갈릴 수 있어.

테두리 둥글게 만들기

앞에서 알아보았던 테두리들은 모두 모서리가 직각인 형식입니다. 모서리를 둥글게 만들면 내용이 부드럽게 보이는 효과가 있는데요. border-radius 프로퍼티를 사용하면 모서리를 둥글게 만들 수 있습니다. 'css02-12.html' 문서를 실행시켜 봅시다.

▶ **css02-12.html**

```
<!doctype html>
<html lang="ko">
<head>
<meta charset="utf-8">
<title>테두리 둥글게 만들기</title>
<style>
.sample1 {
  border: 4px solid red;
  width: 400px;
  height: 50px;

  border-top-left-radius: 10px;
  border-top-right-radius: 15px;
  border-bottom-left-radius: 20px;
  border-bottom-right-radius: 25px;
}
.sample2{
  border: 4px solid red;
  width: 400px;
```

```
height: 50px;

    border-radius: 10px;
}
</style>
</head>

<body>
<h3>border-radius 프로퍼티의 예</h2>
<p>이 내용은 테두리 위쪽에 표시됩니다.</p>
<p class="sample1">이 문단은 테두리 안에 표시됩니다.</p>
<p class="sample2">이 문단은 테두리 안에 표시됩니다.</p>
<p>이 내용은 테두리 아래쪽에 표시됩니다.</p>
</body>
</html>
```

▶ 실행 결과

sample1 클래스는 4개의 모서리에 각기 다른 radius(반지름)를 지정해 모서리가 둥글지만 모두 다릅니다. 반면에, sample2 클래스는 모두 동일한 radius를 지정해 위와 같습니다. border-radius 프로퍼티도 다음과 같이 축약 형식으로 지정할 수 있습니다.

- border-radius : 10px 15px 20px 25px;
  - ➜ 위 왼쪽 : 10px, 위 오른쪽 : 15px, 아래 오른쪽 : 20px, 아래 왼쪽 : 25px
- border-radius : 10px 15px 20px;
  - ➜ 위 왼쪽 : 10px, 위 오른쪽, 아래 왼쪽 : 15px, 아래 오른쪽 : 20px
- border-radius : 10px 15px;
  - ➜ 위 왼쪽, 아래 오른쪽 : 10px, 위 오른쪽, 아래 왼쪽 : 15px
- border-radius : 10px;
  - ➜ 모두 10px

박스 만들기

박스는 테두리와 별로 다를 게 없습니다. 테두리를 치면 그것이 곧 박스일 수 있습니다. 그러나 대개 박스라고 표현할 때는 배경색이나 배경 이미지를 지정합니다. 또한 박스에 포함되는 내용도 여러 줄인 경우가 많아 div 태그로 내용을 묶어서 사용합니다. 일반적인 박스의 형식을 보여주는 다음의 예를 봅시다.

▶ **css02-13.html**

```html
<!doctype html>
<html lang="ko">
<head>
<meta charset="utf-8">
<title>박스 만들기</title>

<style>
.sample {
  background-color: gold;
  border-radius: 10px;
  width: 40%;
  text-align: center;
  padding: 10px;
}
</style>

</head>
<body>
```

```
<h3>박스의 예</h2>

<p>이 내용은 박스 위쪽에 표시됩니다.</p>

<div class="sample">
   <p>박스 안에 표시되는 첫번째 문단입니다.</p>
   <p>박스 안에 표시되는 두번째 문단입니다.</p>
   <p>박스 안에 표시되는 세번째 문단입니다.</p>
</div>

<p>이 내용은 박스 아래쪽에 표시됩니다.</p>

</body>
</html>
```

▶ 실행 결과

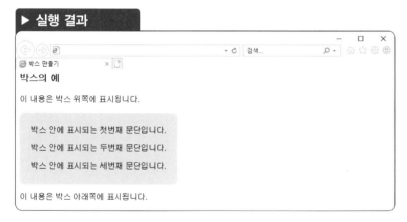

background-color 프로퍼티로 배경색을 지정하였으며 width는 40%를 지정하면
브라우저 화면의 40% 너비로 박스가 표시됩니다. 물론 숫자로 40px와 같이 지정해
도 되지만 '%'로 지정하면 브라우저를 확대, 축소할 때도 동일한 비율로 표시됩니다.
브라우저의 크기를 조절하면서 테스트해 보기 바랍니다.

박스 내에 표시되는 글자가 박스의 중앙에 표시되도록 text-align 프로퍼티를
center로 지정했습니다.

박스에 그림자 만들기

박스에 그림자를 추가하여 박스가 바닥에서 떠 있는 입체 효과를 구현할 수 있습니다. 박스에 그림자를 넣으려면 box-shadow 프로퍼티를 사용하는데 다음 'css02-14.html' 문서를 실행시켜서 알아보겠습니다.

▶ **css02-14.html**

```
<!doctype html>
<html lang="ko">
<head>
<meta charset="utf-8">
<title> 박스에 그림자 만들기</title>

<style>
.sample {
    background-color: yellow;
    border-radius: 10px;
    width: 40%;
    padding: 10px;
    text-align: center;
    box-shadow: 5px 4px 3px 2px gold;
}
</style>

</head>
<body>
```

```
<h3>박스의 예</h3>

<p>이 내용은 박스 위쪽에 표시됩니다.</p>

<div class="sample">
    <p>박스 안에 표시되는 첫번째 문단입니다.</p>
    <p>박스 안에 표시되는 두번째 문단입니다.</p>
    <p>박스 안에 표시되는 세번째 문단입니다.</p>
</div>

<p>이 내용은 박스 아래쪽에 표시됩니다.</p>

</body>
</html>
```

▶ 실행 결과

box-shadow 프로퍼티에 지정된 값의 의미는 다음과 같습니다.

- box-shadow : 5px 4px 3px 2px gold;

  ➡ 5px : 그림자의 수평 거리를 나타내며 만약 숫자가 양수면 오른쪽, 음수면 왼쪽
     에 그림자 표시

➡ 4px : 그림자의 수직 거리를 나타내며 만약 숫자가 양수면 아래쪽, 음수면 위쪽
에 그림자 표시

➡ 3px : 그림자의 번짐 거리(정도)를 나타냄

➡ 2px : 그림자의 크기를 나타내며 만약 숫자가 양수면 기본 크기 확장, 음수면 기
본 크기 축소

그림자를 박스 안쪽으로 표시할 수도 있습니다. 'css02-15.html' 문서를 실행시켜보면
다음과 같이 표시될 것입니다.

다음과 같이 box-shadow 프로퍼티 값의 제일 뒤나 제일 앞에 inset을 추가하면 앞
의 그림처럼 그림자가 박스의 안쪽으로 표시됩니다.

```
box-shadow: 0 0 10px 10px gold inset;
```

박스를 가운데 정렬하기

박스를 브라우저 화면의 가운데로 정렬하려면 52페이지의 테두리 바깥 여백 지정에서 사용된 margin 프로퍼티에서 오른쪽과 왼쪽 값을 auto로 지정하면 됩니다. 'css02-16.html' 문서를 실행시켜 보겠습니다.

▶ css02-16.html

```html
<!doctype html>
<html lang="ko">
<head>
<meta charset="utf-8">
<title> 박스를 가운데 정렬하기</title>
<style>
.sample1{
  border: 4px solid pink;
  width: 40%;
  padding: 10px;
  text-align: center;
  margin: 10px auto 10px auto
}

.sample2 {
  background-color: lightyellow;
  width: 40%;
  padding: 10px;
  text-align: center;
```

```
      margin: 0 auto 10px auto
}
</style>

</head>
<body>

<h3>가운데 위치의 예</h3>

<p class="sample1">이 내용은 박스 위쪽에 표시됩니다.</p>

<div class="sample2">
    <p>박스 안에 표시되는 첫번째 문단입니다.</p>
    <p>박스 안에 표시되는 두번째 문단입니다.</p>
    <p>박스 안에 표시되는 세번째 문단입니다.</p>
</div>

<p class="sample1">이 내용은 박스 아래쪽에 표시됩니다.</p>
<p> 이 내용은 제일 아래 표시됩니다.</p>

</body>
</html>
```

▶ 실행 결과

박스를 옆으로 나열하기

〈p〉 태그나 〈div〉 태그는 블록 레벨 요소이기 때문에 항상 새 라인에 표시됩니다. 따라서 테두리나 박스를 사용해도 아래쪽으로만 나열됩니다. 그러나 다음의 예와 같이 display 프로퍼티를 사용하면 테두리나 박스를 옆으로 나란히 표시할 수 있습니다.

▶ **css02-17.html**

```
<!doctype html>
<html lang="ko">
<head>
<meta charset="utf-8"> <title> 박스를 바로 옆에 나열하기</title>
<style>
.sample1{
  border: 4px solid gold;
  background-color: lightyellow;
  width: 300px;
  display: inline-block;
}
.sample2{
  border: 4px solid red;
  background-color: lightpink;
  width: 300px;
  display: inline-block;
}
</style>
```

```
</head>
<body>

<h3>나란히 표시의 예</h3>

<div class="sample1">
    <p>이 내용은 왼쪽 박스에 표시됩니다.</p>
    <p>노란색 박스입니다.</p>
</div>

<div class="sample2">
    <p>이 내용은 오른쪽 박스에 표시됩니다.</p>
    <p>핑크색 박스입니다.</p>
</div>

<p>이 내용은 박스 아래에 표시됩니다.</p>
</body>
</html>
```

▶ 실행 결과

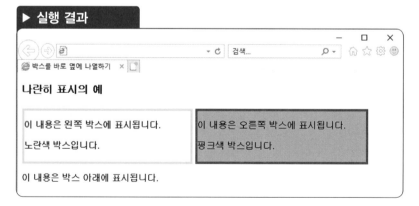

display 프로퍼티에 inline-block을 값으로 지정하면 인라인 컨테이너가 생성되고
그 안에 블록 레벨 요소들을 표시합니다. 따라서 블록 레벨 요소들은 그 특성을 그
대로 유지하면서 인라인 형식으로 표시되므로 박스들이 새 라인으로 내려가지 않고
옆으로 나란히 표시되는 것입니다.

요점 정리

- border-style 프로퍼티를 사용하면 다양한 테두리를 표시할 수 있습니다.
- border-top-style, border-right-style, border-bottom-style, border-left-style 프로퍼티로 4개 변의 스타일을 각기 지정할 수 있고, border-style 프로퍼티를 사용해서 테두리의 스타일을 축약 형식으로 지정할 수 있습니다.
- border-width 프로퍼티로 테두리의 너비를 조절할 수 있습니다.
- 테두리의 너비는 'thin', 'medium', 'thick' 정의된 값을 사용할 수도 있고, 'px', 'pt', 'cm', 'em' 등의 숫자 단위로 지정할 수도 있습니다.
- border-color 프로퍼티를 사용하면 테두리의 색을 지정할 수 있습니다.
- border 프로퍼티를 사용하면 테두리의 두께, 스타일, 색을 한 줄에 간단하게 지정할 수 있습니다.
- margin-top, margin-right, margin-bottom, margin-left 프로퍼티로 테두리의 4개 변의 바깥 여백을 지정합니다.
- margin 프로퍼티를 사용하여 축약 형식으로 간단하게 바깥 여백을 지정할 수도 있습니다.
- padding-top, padding-right, padding-bottom, padding-left 프로퍼티를 사용해서 테두리의 4개 변의 안쪽 여백을 지정합니다.
- padding 프로퍼티를 사용하여 축약 형식으로 안쪽 여백을 간단하게 지정할 수도 있습니다.
- 테두리의 전체 크기는 width(가로 길이)와 height(세로 길이) 프로퍼티로 지정할 수 있습니다.
- border-radius 프로퍼티로 둥근 모서리를 표시합니다.
- box-shadow 프로퍼티를 사용하면 박스에 그림자를 추가할 수 있습니다.
- margin 프로퍼티의 오른쪽과 왼쪽 값을 auto로 지정하면 가운데 표시됩니다.
- display 프로퍼티를 사용하면 테두리나 박스를 옆으로 나란히 표시할 수 있습니다.

Chapter

3

코딩 첫걸음 시리즈

Cascading

Style

Sheets

배경과 링크

배경색 지정하기

웹 문서를 작업하면서 글자 요소의 배경에 색상을 넣을 수 있습니다. 요소의 배경색을 지정하려면 background-color 프로퍼티를 사용합니다. 'css03-1.html' 문서를 실행해서 배경색을 저장하는 방법을 알아보겠습니다.

▶ **css03-1.html**

```
<!doctype html>
<html lang="ko">
<head>
<meta charset="utf-8">
<title>배경색 지정하기</title>

<style>
body {
  background-color: lightyellow;
}

h1 {
  background-color: gold;
}

p {
  background-color: lightpink;
}
</style>

</head>
```

```
<body>

<h1>배경색을 gold로 지정</h1>
<p>배경색을 lightpink로 지정</p>

</body>
</html>
```

▶ 실행 결과

〈body〉 태그에 background-color를 지정하면 문서 전체에 배경색이 지정되며, 〈h1〉과 〈p〉 같은 태그들에도 각각의 해당 요소에만 배경색을 지정할 수 있습니다.

배경 이미지 지정하기

웹 문서의 배경을 색상으로 지정할 수 있었다면 그림 파일로도 지정할 수 있습니다. 그림으로 배경을 넣으려면 background-image 프로퍼티를 사용하며 그림은 바둑판의 형태로 반복되어 표시됩니다. 'css03-2.html'과 같이 배경 이미지를 지정할 수 있습니다.

▶ **css03-2**.html

```html
<!doctype html>
<html lang="ko">
<head>
<meta charset="utf-8">
<title>배경 이미지 지정하기</title>

<style>
body {
   background-image: url("pattern1.png");
}
</style>

</head>
<body>

<h1>문서 배경에 이미지 표시</h1>
<h2>이미지가 반복 표시됩니다.</h2>

</body>
</html>
```

background-image 프로퍼티는 url("이미지 경로와 이미지 파일 이름")을 값으로 지정하며 이미지의 크기가 작으면 실행 결과의 화면과 같이 바둑판의 형태로 반복 표시됩니다. 이미지의 반복 표시는 background-repeat 프로퍼티에 값으로 변경할 수 있습니다. 배경 이미지의 반복 표시는 다음과 같이 조절할 수 있습니다.

배경 이미지 반복하지 않음	배경 이미지 가로로 반복	배경 이미지 세로로 반복
▶프로퍼티: 값;	▶프로퍼티: 값;	▶프로퍼티: 값;
background-repeat: no-repeat;	background-repeat: repeat-x;	background-repeat: repeat-y;

배경 이미지 위치 조절하기

배경 이미지는 기본적으로 왼쪽 위에 표시되지만 background-position 프로퍼티를 사용하면 원하는 위치에 이미지를 배치할 수 있습니다. 'css03-6.html' 문서를 실행시켜서 이미지의 위치를 조절해 봅시다.

▶ css03-6.html

```
중략
<style>
body {
    background-image: url("pattern2.png");
    background-repeat: no-repeat;
    background-position: right top;
}
</style>

</head>
<body>

<h1>문서 배경에 이미지 표시</h1>
<p>이미지 위치를 임의로 조절하는 예를 보여주고 있습니다.</p>
<p>이미지 위치를 임의로 조절하는 예를 보여주고 있습니다.</p>
<p>이미지 위치를 임의로 조절하는 예를 보여주고 있습니다.</p>
<p>이미지 위치를 임의로 조절하는 예를 보여주고 있습니다.</p>
<p>이미지 위치를 임의로 조절하는 예를 보여주고 있습니다.</p>
<p>이미지 위치를 임의로 조절하는 예를 보여주고 있습니다.</p>

</body>
</html>
```

▶ 실행 결과

문서 배경에 이미지 표시

이미지 위치를 임의로 조절하는 예를 보여주고 있습니다.
이미지 위치를 임의로 조절하는 예를 보여주고 있습니다.
이미지 위치를 임의로 조절하는 예를 보여주고 있습니다.
이미지 위치를 임의로 조절하는 예를 보여주고 있습니다.
이미지 위치를 임의로 조절하는 예를 보여주고 있습니다.
이미지 위치를 임의로 조절하는 예를 보여주고 있습니다.

background-position 프로퍼티에는 다음과 같은 값을 지정할 수 있습니다.

• left top, left center, left bottom

• right top, right center, right bottom

• center top, center center, center bottom

또한 background-position 프로퍼티에는 다음과 같이 %나 px 단위로 값을 지정할
수도 있습니다.

left top이 각각 0%, 0%이고, right bottom이 100%, 100%입니다. 이를 기준으로 %로 위치를 지정합니다.	left top이 0입니다. 이를 기준으로 px이나 기타 다른 단위로 위치를 지정합니다.

▶ css03-7.html

문서 배경에 이미지 표시

이미지 위치를 임의로 조절하는 예를 보여주고 있습니다.
이미지 위치를 임의로 조절하는 예를 보여주고 있습니다.
이미지 위치를 임의로 조절하는 예를 보여주고 있습니다.
이미지 위치를 임의로 조절하는 예를 보여주고 있습니다.
이미지 위치를 임의로 조절하는 예를 보여주고 있습니다.
이미지 위치를 임의로 조절하는 예를 보여주고 있습니다.

▶프로퍼티:
background-position: 80% 40%

▶ css03-8.html

문서 배경에 이미지 표시

이미지 위치를 임의로 조절하는 예를 보여주고 있습니다.
이미지 위치를 임의로 조절하는 예를 보여주고 있습니다.
이미지 위치를 임의로 조절하는 예를 보여주고 있습니다.
이미지 위치를 임의로 조절하는 예를 보여주고 있습니다.
이미지 위치를 임의로 조절하는 예를 보여주고 있습니다.
이미지 위치를 임의로 조절하는 예를 보여주고 있습니다.

▶프로퍼티:
background-position: 100px 50px

배경 이미지 고정시키기

웹 문서가 길어질 경우 오른쪽이나 하단에 스크롤 바가 표시됩니다. 스크롤 바를 이동하면서 웹 문서의 내용을 확인하는데 가끔은 배경으로 사용된 사진을 계속 보여주고자 하는 경우도 있습니다. 이런 경우에는 배경 이미지는 기본적으로 내용과 함께 스크롤되어 숨겨집니다. 하지만 배너 광고와 같이 웹 문서를 스크롤하더라도 항상 배경 그림의 위치를 고정시키고자 한다면 background-attachment 프로퍼티의 값을 fixed로 지정하면 배경 이미지를 고정시킬 수 있습니다.

▶ **css03-9.html**

```
<!doctype html>
<html lang="ko">
<head>
<meta charset="utf-8">
<title>배경 이미지 고정시키기</title>

<style>
body {
  background-image: url("banner.png");
  background-repeat: no-repeat;
  background-position: right top;
  background-attachment: fixed;
}
</style>

</head>
```

```
<body>

<h1>문서 배경에 이미지 표시</h1>
<p>이미지의 스크롤을 조절하는 예를 보여주고 있습니다.</p>
<p>이미지의 스크롤을 조절하는 예를 보여주고 있습니다.</p>
<p>이미지의 스크롤을 조절하는 예를 보여주고 있습니다.</p>
<p>이미지의 스크롤을 조절하는 예를 보여주고 있습니다.</p>
<p>이미지의 스크롤을 조절하는 예를 보여주고 있습니다.</p>
<p>이미지의 스크롤을 조절하는 예를 보여주고 있습니다.</p>
<p>이미지의 스크롤을 조절하는 예를 보여주고 있습니다.</p>
<p>이미지의 스크롤을 조절하는 예를 보여주고 있습니다.</p>

</body>
</html>
```

▶ **실행 결과**

웹 문서를 브라우저에서 실행하면 오른쪽에 있는 스크롤 바를 드래그하더라도 배경 이미지는 스크롤되지 않고 항상 브라우저에 고정되어 표시됩니다. 하지만 background-attachment 프로퍼티를 사용하지 않거나 background-attachment: scroll;을 지정하면 스크롤 바를 드래그하면 배경 이미지가 스크롤되어 브라우저에서 사라지게 됩니다.

여러 개의 배경 이미지 사용하기

지금까지 웹 문서의 배경에 하나의 이미지만 넣고 위치도 바꾸고 반복의 표현도 하였습니다. 그럼 여러 개의 이미지를 한꺼번에 배경으로 사용할 수는 없을까요? 여기에서는 여러 개의 배경 이미지를 사용하는 방법을 알아보겠습니다. 단, 배경 이미지를 여러 개 사용할 때에는 맨 위에 표시될 배경 이미지는 가장 앞에, 맨 아래에서 표시될 배경 이미지는 맨 뒤에 기술해야 합니다. 'css03-10.html' 파일을 실행시켜 봅시다.

▶ **css03-10.html**

```
<!doctype html>
<html lang="ko">
<head>
<meta charset="utf-8">
<title>여러 개의 배경 이미지 사용하기</title>

<style>
body {
  background-image: url("flight3.png"), url("pattern3.png"),
  url("pattern1.png");
  background-position: right top, right top, left top;
  background-repeat: no-repeat, no-repeat, repeat;
}
</style>

</head>
<body>
```

```
<h1>문서 배경에 이미지 표시</h1>
<p>여러 개의 이미지를 사용하는 예를 보여주고 있습니다.</p>
<p>여러 개의 이미지를 사용하는 예를 보여주고 있습니다.</p>
<p>여러 개의 이미지를 사용하는 예를 보여주고 있습니다.</p>
<p>여러 개의 이미지를 사용하는 예를 보여주고 있습니다.</p>
<p>여러 개의 이미지를 사용하는 예를 보여주고 있습니다.</p>
<p>여러 개의 이미지를 사용하는 예를 보여주고 있습니다.</p>
<p>여러 개의 이미지를 사용하는 예를 보여주고 있습니다.</p>

</body>
</html>
```

▶ 실행 결과

'pattern1.png'는 실제로는 작은 이미지이지만 반복 표시되어 문서 전체의 배경 이미
지로 표시됩니다. 이런 문서 전체의 배경 이미지는 각 프로퍼티에서 제일 뒤에 기술해
야 다른 이미지들이 표시됩니다.

여러 개의 배경 이미지 사용하기 **085**

배경 이미지 크기 조절하기

배경 이미지를 그대로 사용하면 이미지가 가지고 있는 원본 크기로 표시됩니다. 그러나 background-size 프로퍼티를 사용하면 숫자값이나 contain, cover 등의 값으로 배경 이미지의 크기를 조절할 수 있습니다.

숫자 값으로 배경 이미지 크기 조절하기

다음의 'css03-11.html' 문서는 픽셀 단위로 배경 이미지의 크기를 조절하였습니다. 사용된 원본 이미지는 비행기 그림으로 가로 크기는 300픽셀의 투명한 PNG 파일입니다. 하나의 요소에는 원래 크기의 배경 이미지를 출력하도록 하고, 또 다른 요소에는 크기를 조절한 배경 이미지로 출력하도록 하여 비교해 보겠습니다.

▶ **css03-11**.html

```
<!doctype html>
<html lang="ko">
<head>
<meta charset="utf-8">
<title>배경 이미지 크기 조절하기</title>

<style>
.sample1 {
  background:url("flight3.png");
  background-position: left top;
```

```
    background-repeat: no-repeat;
}

.sample2 {
    background:url("flight3.png");
    background-position: left top;
    background-repeat: no-repeat;
    background-size: 200px;
}
</style>

</head>
<body>

<div class="sample1">
<h3>원래 크기의 배경 이미지</h3>
<p>원래 크기의 배경 이미지입니다.</p>
<p>원래 크기의 배경 이미지입니다.</p>
<p>원래 크기의 배경 이미지입니다.</p>
</div>

<br>

<div class="sample2">
<h3>크기를 조절한 배경 이미지</h3>
<p>크기를 조절한 배경 이미지입니다.</p>
<p>크기를 조절한 배경 이미지입니다.</p>
<p>크기를 조절한 배경 이미지입니다.</p>
</div>

</body>
</html>
```

▶ 실행 결과

원래 크기의 배경 이미지

원래 크기의 배경 이미지입니다.

원래 크기의 배경 이미지입니다.

원래 크기의 배경 이미지입니다.

크기를 조절한 배경 이미지

크기를 조절한 배경 이미지입니다.

크기를 조절한 배경 이미지입니다.

크기를 조절한 배경 이미지입니다.

여기서는 background-size 프로퍼티에 가로 길이만 지정하였으며 세로 길이는 원본의 비율에 따라 자동 조절됩니다. 하지만 background-size: 200px 100px;처럼 기술하면 세로 길이를 지정할 수도 있습니다.

contain과 cover로 배경 이미지 크기 조절하기

내용을 박스 안에 표시하는 경우 박스의 크기에 대비하여 배경 이미지의 크기를 조절하기 위해 background-size 프로퍼티에 contain과 cover를 값으로 지정합니다. 다음의 예를 봅시다.

▶ css03-12.html

```
<!doctype html>
<html lang="ko">
<head>
```

```
<meta charset="utf-8">
<title>배경 이미지 크기 조절하기</title>

<style>
.sample1 {
  border: 1px solid grey;
  height:150px;
  width:200px;
  background:url("flight3.png");
  background-repeat: no-repeat;
}

.sample2 {
  border: 1px solid grey;
  height:150px;
  width:200px;
  background:url("flight3.png");
  background-repeat: no-repeat;
  background-size: contain;
}

.sample3 {
  border: 1px solid black;
  height:150px;
  width:200px;
  background:url("flight3.png");
  background-repeat: no-repeat;
  background-size: cover;
}
</style>
```

```
</head>
<body>

<h3>원래 크기 배경 이미지</h3>
<div class="sample1">
<p>원래 크기입니다.</p>
<p>원래 크기입니다.</p>
<p>원래 크기입니다.</p>
</div>

<h3>contain 배경 이미지</h3>
<div class="sample2">
<p>contain을 지정했습니다.</p>
<p>contain을 지정했습니다.</p>
<p>contain을 지정했습니다.</p>
</div>

<h3>cover 배경 이미지</h3>
<div class="sample3">
<p>cover를 지정했습니다.</p>
<p>cover를 지정했습니다.</p>
<p>cover를 지정했습니다.</p>
</div>

</body>
</html>
```

첫 번째 예는 background-size 프로퍼티를 지정하지 않았기 때문에 원본 크기로 표시되는데 박스의 크기가 이미지 크기보다 작아서 이미지가 일부만 보입니다.

두 번째 예의 contain 값은 박스 내에서 이미지가 완전하게 보이도록 크기를 맞춰 조절합니다.

세 번째 예의 cover 값은 이미지가 내용 영역을 완전하게 덮도록 크기를 조절하기 때문에 이미지의 가로, 세로 비율에 따라 이미지가 일부만 보일 수도 있습니다.

박스나 패딩 기준으로 배경 이미지 위치 조절하기

background-origin 프로퍼티를 사용하면 이미지를 둘러싸고 있는 박스 선이나 패딩 영역을 기준으로 이미지의 위치를 조절할 수 있습니다. 다음의 예를 봅시다.

▶ css03-13.html

```html
<!doctype html>
<html lang="ko">
<head>
<meta charset="utf-8">
<title>박스나 패딩 기준으로 배경 이미지 위치 조절하기</title>
<style>
.sample1 {
  border: 5px solid darkred;
  padding: 30px;
  background: url("flight4.png");
  background-repeat: no-repeat;
}

.sample2 {
  border: 5px solid darkred;
  padding: 30px;
  background: url("flight4.png");
  background-repeat: no-repeat;
  background-origin: border-box;
```

```
}
.sample3 {
  border: 5px solid darkred;
  padding: 30px;
  background: url("flight4.png");
  background-repeat: no-repeat;
  background-origin: content-box;
}
</style>
</head>
<body>
<div class="sample1">
<p>background-origin 지정 안함</p>
<p>background-origin 지정 안함</p>
</div>
<br>
<div class="sample2">
<p>background-origin: border-box; 지정함</p>
<p>background-origin: border-box; 지정함</p>
</div>
<br>
<div class="sample3">
<p>background-origin: content-box; 지정함</p>
<p>background-origin: content-box; 지정함</p>
</div>
</body>
</html>
```

첫 번째 예는 background-origin 프로퍼티를 지정하지 않았으며 이 경우 기본 위
치부터 이미지가 시작되고 패딩 값은 내용에만 영향을 미칩니다.

두 번째 예와 같이 border-box를 값으로 지정하면 박스 테두리 선의 왼쪽 위부터
이미지 표시가 시작되며 패딩 값은 내용에만 영향을 미칩니다.

세 번째 예와 같이 content-box를 값으로 지정하면 내용의 왼쪽 위부터 이미지 표
시가 시작되며 따라서 패딩 값에 따라 이미지의 위치도 조절됩니다.

배경색의 적용 범위 조절하기

background-clip 프로퍼티를 사용하면 다음의 예와 같이 박스를 사용할 때 배경색의 적용 범위를 조절할 수 있습니다.

▶ css03-14.html

```
<!doctype html>
<html lang="ko">
<head>
<meta charset="utf-8">
<title>배경색의 적용 범위 조절하기</title>

<style>
.sample1 {
  border: 10px double darkred;
  padding:20px;
  background-color: yellow;
}

.sample2 {
  border: 10px double darkred;
  padding:20px;
  background-color: yellow;
  background-clip: padding-box;
}

.sample3 {
```

```
    border: 10px double darkred;
    padding:20px;
    background-color: yellow;
    background-clip: content-box;
}
</style>

</head>
<body>

<div class="sample1">
<p>background-clip 지정 안함</p>
<p>background-clip 지정 안함</p>
</div>

<br>

<div class="sample2">
<p>background-clip: padding-box; 지정함</p>
<p>background-clip: padding-box; 지정함</p>
</div>

<br>

<div class="sample3">
<p>background-clip: content-box; 지정함</p>
<p>background-clip: content-box; 지정함</p>
</div>

</body>
</html>
```

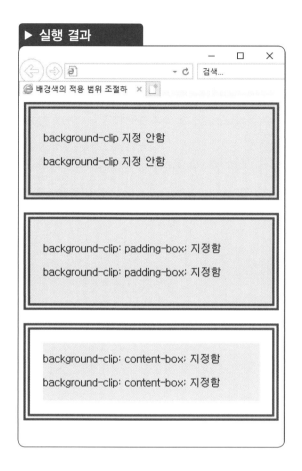

▶ 실행 결과

첫 번째 예와 같이 background-clip 프로퍼티를 지정하지 않으면 바깥쪽 테두리 선
까지 배경색이 표시됩니다.

두 번째 예와 같이 padding-box를 값으로 지정하면 요소의 바깥쪽 경계선까지 배
경색이 표시되며 따라서 테두리 선에는 배경색이 표시되지 않습니다.

세 번째 예와 같이 content-box를 값으로 지정하면 내용 영역에만 배경색이 지정됩
니다.

참고하세요

다음과 같이 background 프로퍼티를 사용하여 간편 형식으로 배경을 조절할 수도 있습니다.

```
background: lightpink url("key1.png") no-repeat fixed center;
```

링크 표시 조절하기

인터넷에서 현재 보고 있는 웹 문서에서 다른 웹 문서로 이동하시켜 주는 기능을 하는 것이 바로 링크와 관련된 태그입니다. 링크를 구현하는 ⟨a⟩ 태그를 사용하였을 경우 텍스트 하단에 라인이 그어지고 그림에는 테두리가 만들어집니다. 하지만 요즘 포털 사이트나 대부분의 사이트에서 링크가 설정된 글자에 선이 표시되지 않습니다. 바로 링크에 선을 숨겨주는 역할을 CSS가 하고 있기 때문입니다. 여기에서는 링크 표시를 조절하는 CSS 를 알아보기로 하겠습니다.

기본 링크 표시 조절하기

⟨a⟩ 태그에 스타일을 지정하였을 때 선을 없애고 박스처럼 보여 버튼처럼 활용하는 'css03-15.html' 문서를 실행해 보겠습니다.

▶ **css03-15.html**

```
<!doctype html>
<html lang="ko">
<head>
<meta charset="utf-8">
<title>기본적인 링크 표시 조절하기</title>

<style>
a {
```

```
    color: darkred;
    background: lightpink;
    padding: 10px;
    text-decoration: none;
}
</style>

</head>
<body>

<p><b><a href="http://www.kyohak.co.kr" target="_blank">클릭하세
요</a></b></p>

</body>
</html>
```

▶ 실행 결과

background와 padding 프로퍼티를 사용해서 박스를 표시하고 text-decoration
프로퍼티를 none으로 지정해서 링크에 기본적으로 표시되는 밑줄을 없앴습니다. 이
런 방식으로 링크에도 다양한 스타일을 지정할 수 있습니다.

상태에 따라 링크 표시 조절하기

〈a〉 태그에는 4가지 상태 정보를 추가하여 그 상태에 따라 링크가 달리 표시되도록 할 수 있습니다. 상태에 따라 텍스트 색상과 밑줄 표시를 조절하는 'css03-16.html' 문서를 실행해 봅시다.

▶ css03-16.html

```
<!doctype html>
<html lang="ko">
<head>
<meta charset="utf-8">
<title>상태에 따라 링크 표시 조절하기</title>

<style>
a:link {
  color: red;
  text-decoration: none;
}

a:visited {
  color: blue;
  text-decoration: none;
}

a:hover {
  color: green;
  text-decoration: underline;
}

a:active {
```

```
    color: gold;
    text-decoration: underline;
  }

</style>
</head>
<body>

<p><b><a href="http://www.kyohak.co.kr" target="_blank">클릭하세
요</a></b></p>
<p>방문을 안한 제일 처음에는 red / 밑줄없음</p>
<p>방문을 하고 나면 blue / 밑줄없음</p>
<p>마우스를 올리면 green / 밑줄표시</p>
<p>클릭하는 순간은 gold / 밑줄표시</p>

</body>
</html>
```

▶ 실행 결과

사용자가 어떤 동작을 하는가에 따라 링크의 색상과 밑줄이 달리 표시됩니다.

링크의 4가지 상태의 의미는 다음과 같습니다.

- a:link – 방문하지 않은 초기 상태
- a:visited – 방문을 마친 상태
- a:hover – 방문하기 위해 마우스를 올린 상태
- a:active – 마우스로 클릭하는 순간

a:hover는 반드시 a:link와 a:visited의 뒤에 기술되어야 하며 a:active는 반드시 a:hover 뒤에 기술되어야 한다는 점을 유의해야 합니다.

요점 정리

- 텍스트 요소에 배경색을 지정하려면 background-color 프로퍼티를 사용합니다.
- background-image 프로퍼티는 그림으로 배경을 넣을 때 사용하며 url("이미지 경로와 이미지 파일 이름")을 값으로 지정하며 이미지의 크기가 작으면 바둑판 형태로 반복 표시됩니다.
- 이미지의 반복 표시는 background-repeat 프로퍼티를 추가하여 조절할 수 있습니다. repeat-x 값은 이미지를 가로로 반복하고, repaet-y 값은 이미지를 세로로 반복합니다.
- background-position 프로퍼티를 사용하면 다양하게 이미지의 위치를 조절할 수 있습니다. 이미지의 위치는 left top과 같은 정의되어 있는 값이나 %, px 등의 숫자 단위로 지정할 수 있습니다.
- background-attachment 프로퍼티의 값을 fixed로 지정하면 이미지의 스크롤을 방지할 수 있습니다. 스크롤을 허용하려면 scroll 값을 지정합니다.
- 여러 개의 배경 이미지를 사용할 때는 제일 아래 깔리는 배경 이미지를 문서 제일 뒤에 기술해야 한다

- background-size 프로퍼티를 사용하면 숫자값이나 contain, cover 등의 값으로 배경 이미지의 크기를 조절할 수 있습니다. contain 값은 박스 내에 이미지가 완전하게 보이도록 크기를 조절하며, cover 값은 이미지가 내용 영역을 완전하게 덮도록 크기를 조절합니다.

- background-origin 프로퍼티를 사용하면 이미지를 둘러싸고 있는 박스 선이나 패딩 영역을 기준으로 이미지의 위치를 조절할 수 있습니다. border-box를 값으로 지정하면 박스 테두리 선의 왼쪽 위부터 이미지 표시가 시작되며, content-box를 값으로 지정하면 내용의 왼쪽 위부터 이미지 표시가 시작됩니다.

- background-clip 프로퍼티를 사용하면 박스를 사용할 때 배경색의 적용 범위를 조절할 수 있습니다. padding-box를 값으로 지정하면 요소의 바깥쪽 경계선까지 배경색이 표시되며, content-box를 값으로 지정하면 내용 영역에만 배경색이 지정됩니다.

- 링크를 구현하는 〈a〉 태그에 4가지 상태 정보를 추가하여 그 상태에 따라 링크가 달리 표시되도록 할 수 있습니다. 링크의 4가지 상태의 의미는 다음과 같습니다.

  • a:link – 방문하지 않은 초기 상태

  • a:visited – 방문을 마친 상태

  • a:hover – 방문하기 위해 마우스를 올린 상태

  • a:active – 마우스로 클릭하는 순간

코딩 첫걸음 시리즈

Cascading

Style

Sheets

텍스트와 폰트

텍스트 색상과 정렬

텍스트의 색상은 color 프로퍼티로 지정하고, 텍스트의 정렬은 text-align 프로퍼티로 지정합니다. 'css04-1.html' 문서를 실행해 봅시다.

▶ **css04-1.**html

```
중략
<style>
.sample1 {
  color: red;
  text-align: center;
}

.sample2 {
  color: blue;
  text-align: left;
}

.sample3 {
  color: green;
  text-align: right;
}

.sample4 {
  color: grey;
  text-align: justyfy;
  width: 200px;
  height: 300px;
```

```
}
</style>

</head>
<body>

<p class="sample1"><b>red, center가 지정되었습니다.</b></p>
<p class="sample2"><b>blue, left가 지정되었습니다.</b></p>
<p class="sample3"><b>green, right가 지정되었습니다.</b></p>
<p class="sample4"><b>이 텍스트는 grey, justify가 지정되어 지정된
내용 영역 내에서 양쪽 맞춤으로 텍스트가 배치됩니다.</b></p>

</body>
</html>
```

▶ 실행 결과

결과를 보면 소스 코드의 의미를 직관적으로 알 수 있을 것입니다. color 프로퍼티로
텍스트의 색상을 지정했으며 text-align 프로퍼티에 left, right, center 값을 지정
하여 텍스트를 정렬했습니다.

sample4 클래스는 내용 영역의 크기를 지정하고 그 영역 안에서 텍스트가 양쪽 맞
춤으로 표시되도록 text-align을 justify로 지정했습니다.

대소문자 변환과 텍스트에 선 긋기

영문자의 경우 text-transform 프로퍼티로 대소문자를 지정할 수 있으며, text-decoration 프로퍼티로 텍스트에 선을 그을 수 있습니다. 다음 예를 봅시다.

▶ **css04-2.html**

```
<!doctype html>
<html lang="ko">
<head>
<meta charset="utf-8">
<title>대소문자 변환과 텍스트에 선 긋기</title>

<style>
.sample1 {
  text-transform: uppercase;
  text-decoration: overline;
}

.sample2 {
  text-transform: lowercase;
  text-decoration: underline;
}

.sample3 {
  text-transform: capitalize;
  text-decoration:line-through;
}
```

```
</style>

</head>
<body>
<h3 class="sample1">Html and css sample</h3>
<h3 class="sample2">Html and css sample</h3>
<h3 class="sample3">Html and css sample</h3>

</body>
</html>
```

text-transform 프로퍼티의 값을 uppercase로 지정하면 모두 대문자로 변환되고, lowercase로 지정하면 모두 소문자로 변환되며, capitalize로 지정하면 각 단어의 첫 글자만 대문자로 변환됩니다.

위의 소스 코드에는 없지만 text-decoration 프로퍼티의 값을 none으로 지정하면 링크에서 보이는 밑줄을 보이지 않게 할 수 있습니다.

들여쓰기와 줄 간격 조절하기

웹 문서에는 글자 정보가 많아서 글자와 관련된 테크닉을 필요합니다. 그 중에서 줄 간격과 들여쓰기에 대해 알아보겠습니다. 텍스트의 첫 줄을 들여쓰는 text-indent 프로퍼티로 지정하며, 줄 간격(행 간격)은 line-height 프로퍼티로 조절할 수 있습니다. 다음의 예를 봅시다.

▶ css04-3.html

```
<!doctype html>
<html lang="ko">
<head>
<meta charset="utf-8">
<title>폰트 굵기와 변형 지정하기</title>

<style>
.sample1 {
  text-indent: 30px;
}

.sample2 {
  line-height: normal;
}

.sample3 {
  line-height: 200%;
}

.sample4 {
```

```
    line-height: 2;
}

.sample5 {
    line-height: 30px;
}

</style>

</head>
<body>

<p class="sample1">
이 단락은 만입이 30px 지정되었습니다.<br>
들여쓰기는 첫 번째 단락에만 지정됩니다.<br>
</p>

<p class="sample2">
이 단락은 줄간격이 normal로 지정되었습니다.<br>
이 단락은 줄간격이 normal로 지정되었습니다.<br>
</p>

<p class="sample3">
이 단락은 줄간격이 200%로 지정되었습니다.<br>
이 단락은 줄간격이 200%로 지정되었습니다.<br>
</p>

<p class="sample4">
이 단락은 줄간격이 2로 지정되었습니다.<br>
이 단락은 줄간격이 2로 지정되었습니다.<br>
</p>

<p class="sample5">
```

```
이 단락은 줄간격이 30px로 지정되었습니다.<br>
이 단락은 줄간격이 30px로 지정되었습니다.<br>
</p>

</body>
</html>
```

sample1 클래스는 text-indent 프로퍼티로 들여쓰기를 30px로 지정했으며 들여쓰기는 'px', 'pt', 'cm', 'em', '%' 단위로 지정할 수 있습니다. sample2 클래스는 line-height 프로퍼티를 normal로 지정하여 기본 줄 간격을 표시합니다. sample3과 sample4 클래스는 각기 normal 대비 200%와 2배로 줄 간격을 지정한 것입니다. sample4 클래스는 숫자로 고정적인 줄간격을 지정하였으며 'px', 'pt', 'cm' 등의 단위를 사용할 수 있습니다.

문자와 단어 간격 조절하기

문자와 문자의 간격은 letter-spacing 프로퍼티로 조절하고, 단어와 단어 사이의 간격
은 word-spacing 프로퍼티로 조절할 수 있습니다. 다음의 예를 봅시다.

▶ css04-4.html

```
<!doctype html>
<html lang="ko">
<head>
<meta charset="utf-8">
<title>문자와 단어 간격 조절하기</title>

<style>
.sample1 {
    letter-spacing: 3px;
}

.sample2 {
    letter-spacing: -3px;
}

.sample3 {
    word-spacing: 10px;
}

.sample4 {
    word-spacing: -10px;
```

```
        }
    </style>

</head>
<body>

<h3 class="sample1">문자 간격이 3px로 지정되었습니다.</h3>
<h3 class="sample2">문자 간격이 -3px로 지정되었습니다.</h3>
<h3 class="sample3">단어 간격이 10px로 지정되었습니다.</h3>
<h3 class="sample4">단어 간격이 -10px로 지정되었습니다.</h3>

</body>
</html>
```

▶ 실행 결과

문자 간격이 3px로 지정되었습니다.

문자간격이-3px로지정되었습니다.

단어 간격이 10px로 지정되었습니다.

단어간격이-10px로지정되었습니다.

letter-spacing과 word-spacing 프로퍼티도 normal 값으로 지정하면 기본 간격
으로 표시되며 'px', 'pt', 'cm', 'em' 등의 단위로 간격을 지정할 수 있습니다.

단어 중간 끊기

텍스트가 한 줄을 넘는 경우, 단어 단위로 다음 줄로 넘어갈 수도 있고, 단어의 중간을 끊으면서 다음 줄로 넘어갈 수도 있습니다. word-break 프로퍼티를 사용하면 다음의 예와 같이 단어 표시를 조절할 수 있습니다.

▶ **css04-5**.html

```html
<!doctype html>
<html lang="ko">
<head>
<meta charset="utf-8">
<title>단어 중간 끊기</title>

<style>
.sample1 {
  width: 150px;
  border: 4px solid #FA8072;
  word-break: keep-all;
}

.sample2 {
  width: 150px;
  border: 4px solid #FA8072;
  word-break: break-all;
}

</style>
```

```
</head>
<body>

<p class="sample1">이 단락은 무한자원개발글로벌미래주식회사와 같은 긴
단어를 포함하고 있습니다.</p>
<p class="sample2">이 단락은 무한자원개발글로벌미래주식회사와 같은
긴 단어를 포함하고 있습니다.</p>

</body>
</html>
```

▶ 실행 결과

내용 영역 내에서 텍스트를 표시하면서 다음 줄로 넘어갈 때 word-break 프로퍼티
의 값을 keep-all로 지정하면 단어가 중간에 끊기지 않고, break-all로 지정하면
단어가 중간에 끊겨서 표시됩니다.

PROGRAMMING

폰트 종류 지정하기

폰트(서체)는 font-family 프로퍼티로 지정하는데 영어와 한글이 조금 다릅니다.

먼저 폰트를 지정하는 다음 예부터 봅시다.

▶ css04-6.html

```
<!doctype html>
<html lang="ko">
<head>
<meta charset="utf-8">
<title>폰트 종류 지정하기</title>

<style>
.sample1 {
  font-family: "Times New Roman", Times, serif;
}

.sample2 {
  font-family: Arial, Helvetica, sans-serif;
}

.sample3 {
  font-family: "나눔손글씨 붓", 바탕체;
}
</style>
</head>
<body>
```

```
<h3 class="sample1">This paragraph is shown in the Times New
Roman font.</p>
<h3 class="sample2">This paragraph is shown in the Arial
font.</p>
<h3 class="sample3">나눔손글씨 붓, 바탕체 폰트를 지정한 단락입니
다.</p>
</body>
</html><h3 class="sample3">나눔손글씨 붓, 바탕체 폰트를 지정한 단락
입니다.</p>

</body>
</html>
```

▶ 실행 결과

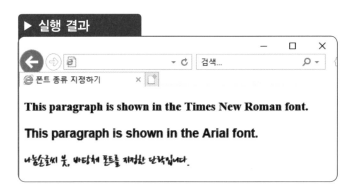

sample1 클래스는 2개의 영문 폰트를 지정했으며 제일 뒤의 'serif'는 영문 폰트 계열 명입니다.

참고하세요

'serif'는 '글자 획의 끝에 표시되는 돌출선'을 의미합니다. 'sans-serif'는 'serif가 없다'는 의미로 앞의 오른쪽 그림과 같이 모양이 단순합니다. 반면에 'serif'는 앞의 왼쪽 그림과 같이 획의 끝부분에 돌출선을 추가하여 멋을 부린 형식을 의미합니다.

T   T
serif   sans-serif

sample2 클래스는 2개의 영문 폰트를 지정했으며 제일 뒤의 'sans-serif'는 영문 폰트 계열명입니다. sample3 클래스는 3개의 한글 폰트를 지정했습니다.

폰트는 다음과 같은 규칙으로 지정합니다.

- font-family 프로퍼티에 지정하는 폰트는 사용하는 컴퓨터에 설치되어 있어야 합니다.
- 폰트 이름이 2개 이상의 단어로 구성되면 'Times New Roman' 처럼 큰따옴표 안에 기술합니다.
- 폰트가 없을 경우를 대비하여 콤마로 구분하여 여러 개의 폰트 이름을 기술할 수 있으며, 이 경우 첫째 폰트가 없으면 둘째, 셋째…. 폰트가 사용됩니다.
- 영문 폰트는 제일 뒤에 'serif'나 'sans-serif', 'monospace'와 같은 폰트 계열명을 기술할 수 있으며 이 경우 앞서 지정된 폰트가 없으면 동일 계열의 유사한 폰트 사용됩니다.

참고하세요

컴퓨터에 표시되는 모든 문자(알파벳, 숫자, 한자, 한글 등)에는 글자마다 '문자 코드'라고 불리는 ID 번호가 있습니다. '문자 코드 세트'란 모든 문자마다 각각 주어진 ID 번호가 씌어진 표를 의미합니다. 같은 문자라도, 문자 코드 세트가 다르면 ID 번호가 변경됩니다. 예를 들면 '가'라는 글자는 문자 코드 세트가 'UTF-8'의 때 ID 번호는 'EAB080'이지만, 다른 문자 코드 세트인 'Euc-kr'에서는 'BOA1'입니다. HTML 문서 자체의 문자 코드 세트(HTML 파일을 새로 작성했을 때에 설정하고 있는 문자 코드 세트)와 '〈meta charset="××××"〉'로 지정하고 있는 문자 코드 세트가 맞지 않으면 컴퓨터가 ID 번호부터 올바른 문자를 찾아내지 못해 글자가 깨집니다. 글자가 깨지지 않기 위해서 '〈meta charset="××××"〉'에는 올바른 문자 코드 세트를 설정해야 합니다.

폰트 스타일과 크기 지정하기

이탤릭체나 경사체 또는 볼드체 등 글자 모양을 변경하고자 할 때에에는 font-style 프로퍼티를 사용하며, 글자의 크기는 font-size 프로퍼티를 사용합니다. 'css04-7.html' 문서를 이용해서 글자의 스타일과 크기를 지정하는 방법을 알아보겠습니다.

▶ css04-7.html

```
<!doctype html>
<html lang="ko">
<head>
<meta charset="utf-8">
<title>폰트 스타일과 크기 지정하기</title>

<style>
.sample1 {
    font-style: normal;
    font-size; 16px;
}

.sample2 {
    font-style: italic;
    font-size: 1.5em;
}

.sample3 {
    font-style: oblique;
    font-size: 150%;
```

```
	}
	</style>

	</head>
	<body>

	<p class="sample1">normal, 16px입니다.</p>
	<p class="sample2">italic, 1.5em입니다.</p>
	<p class="sample3">oblique, 150%입니다.</p>

	</body>
	</html>
```

▶ 실행 결과

font-style 프로퍼티의 normal은 기본 스타일로 표시하며, italic과 oblique는 실행 결과에서 보듯이 비슷하지만 약간의 차이가 있습니다. font-size 프로퍼티는 'px', 'em', '%' 등의 단위를 사용할 수 있습니다. 'px'는 절대 값으로 폰트의 크기를 지정하지만 'em'이나 '%'는 폰트의 기본 크기인 16px(1em, 100%)를 기준으로 크기를 지정합니다. 따라서 폰트 크기 1.5em은 1.5 × 16px = 24px의 크기를, 폰트 크기 150%도 역시 16px의 150%이므로 24px을 의미합니다.

폰트 굵기와 변형 지정하기

font-weight 프로퍼티로 폰트의 굵기를 여러 단계로 조절할 수 있으며, font-variant 프로퍼티를 사용하면 소문자를 대문자로 바꾸되 크기는 소문자를 유지하도록 할 수 있습니다. 다음의 예를 봅시다.

▶ css04-8.html

```
<!doctype html>
<html lang="ko">
<head>
<meta charset="utf-8">
<title>폰트 굵기와 변형 지정하기</title><style>
.sample1 {
  font-weight: normal;
}

.sample2 {
  font-weight: lighter;
}

.sample3 {
  font-weight: bold;
}

.sample4 {
  font-weight: 700;
}

.sample5 {
```

```
    font-variant: normal;
}
.sample6 {
    font-variant: small-caps;
}
</style>

</head>
<body>

<p class="sample1">font-weight: normal입니다.</p>
<p class="sample2">font-weight: lighter입니다.</p>
<p class="sample3">font-weight: bold입니다.</p>
<p class="sample4">font-weight: 700입니다.</p>
<br>
<p class="sample5">font-variant: normal입니다.</p>
<p class="sample6">Font-Variant: Small-Caps입니다.</p>

</body>
</html>
```

▶ 실행 결과

font-weight: normal입니다.

font-weight: lighter입니다.

font-weight: bold입니다.

font-weight: 700입니다.

font-variant: normal입니다.

FONT-VARIANT: SMALL-CAPS입니다.

font-weight 프로퍼티는 100, 200, …, 800, 900과 같이 9개의 숫자로 값을 지정할 수 있는데 400이 normal과 동일하고 700이 bold와 동일합니다. font-variant 프로퍼티의 값을 small-caps로 지정하면 소문자가 대문자로 바뀌되 크기는 소문자의 크기를 유지합니다.

요점 정리

- 텍스트의 색상은 color 프로퍼티로 지정하고, 텍스트의 정렬은 text-align 프로퍼티로 지정합니다.
- 영문자의 경우 text-transform 프로퍼티로 대소문자를 지정할 수 있으며, text-decoration 프로퍼티로 텍스트에 선을 그을 수 있습니다.
- 텍스트의 첫 줄을 들여쓰는 들여쓰기는 text-indent 프로퍼티로 지정하며, 줄간격(행간격)은 line-height 프로퍼티로 조절할 수 있습니다.
- 문자와 문자의 간격은 letter-spacing 프로퍼티로 조절하고, 단어와 단어 사이의 간격은 word-spacing 프로퍼티로 조절할 수 있습니다.
- word-break 프로퍼티의 값을 keep-all로 지정하면 단어가 중간에 끊기지 않고, break-all로 지정하면 단어가 중간에 끊겨서 표시됩니다.
- 폰트(서체)는 font-family 프로퍼티로 지정하며, 다음과 같은 규칙이 있습니다.
  - font-family 프로퍼티에 지정하는 폰트는 사용하는 컴퓨터에 설치되어 있어야 합니다.

- 폰트 이름이 2개 이상의 단어로 구성되면 'Times New Roman' 처럼 따옴표 안에 기술합니다.
- 폰트가 없을 경우를 대비하여 콤마로 구분하여 여러 개의 폰트 이름을 기술할 수 있으며, 이 경우 첫째 폰트가 없으면 둘째, 셋째, … 폰트가 사용됩니다.
- 영문 폰트는 제일 뒤에 'serif'나 'sans-serif', 'monospace'와 같은 폰트 계열명을 기술할 수 있으며 이 경우 앞서 지정된 폰트가 없으면 동일 계열의 유사한 폰트 사용됩니다.

- 이탤릭체나 경사체로 글자 모양을 지정하는 폰트 스타일은 font-style 프로퍼티를 사용하며, 폰트 크기는 font-size 프로퍼티를 사용합니다.

- px는 절대 값으로 폰트의 크기를 지정합니다. 그러나 em이나 %는 폰트의 기본 크기인 16px(1em, 100%)를 기준으로 크기를 지정합니다.

- font-weight 프로퍼티로 폰트의 굵기를 여러 단계로 조절할 수 있으며, font-variant 프로퍼티를 사용하면 소문자를 대문자로 바꾸되 소문자 크기를 유지합니다.

Chapter

5

코딩 첫걸음 시리즈

Cascading

Style

Sheets

테이블과 목록

테이블 선과 색, 간격 지정하기

테이블의 선을 표시하기 위해서는 border 프로퍼티를 사용하고 padding 프로퍼티로 내용과 선의 간격을 조절할 수 있습니다. 다음의 예를 봅시다.

▶ css05-1.html

중략

```
<style>
table, th, td {
   border: 2px solid darkred;
}
th, td {
   padding:10px;
}
</style>

</head>
<body>

<table>
   <tr>
      <th>부서</th>
      <th>이름</th>
   </tr>
   <tr>
      <td>연수부</td>
```

PROGRAMMING

```
    <td>홍길동</td>
  </tr>
  <tr>
    <td>관리부</td>
    <td>김심청</td>
  </tr>
</table>
</body>
</html>
```

▶ 실행 결과

부서	이름
연수부	홍길동
관리부	김심청

border 프로퍼티의 solid 이외에도 border-style에서 dotted ,dashed, solid, double, groove, ridge, inset, outset, none, hidden 등의 값을 사용하여 다양한 테이블 디자인을 할 수 있습니다.

⟨th⟩와 ⟨td⟩요소에 padding 프로퍼티를 지정하면 선과 내용의 간격을 조절할 수 있습니다.

테이블 선을 1개만 표시하기

'css05-1.html'의 ⟨style⟩~⟨/style⟩ 태그 사이를 수정하여 다음 페이지의 'css05-2.html'과 같이 border-collapse 프로퍼티를 추가하면 1개의 선만 표시됩니다.

▶ css05-2.html

중략

```
table, th, td {
    border: 2px solid darkred;
    border-collapse: collapse;
}
```

중략

▶ 실행 결과

테이블 선과 색, 간격 지정

부서	이름
연수부	홍길동
관리부	김심청

테이블 행 제목과 내용의 색과 굵기 조절하기

'css05-1.html'의 〈style〉~〈/style〉 태그 사이를 다음과 같이 수정해 봅시다. 테이블의 행 제목은 기본적으로 진하게 표시되고 내용은 보통으로 표시됩니다. font-weight 프로퍼티로 진하기를 조절할 수 있으며, color와 background-color 프로퍼티로 각각 글자색과 배경색을 지정할 수 있습니다.

▶ css05-3.html

```
th {
    background-color: red;
    color: white;
    font-weight: 400;
}
td {
font-weight: 900;
}
```

▶ 실행 결과

테이블 선과 색, 간격 지정

부서	이름
연수부	홍길동
관리부	김심청

테이블 크기와 정렬 지정하기

width와 height 프로퍼티를 적절히 사용하여 테이블의 크기를 조절할 수 있으며, text-align 프로퍼티로 테이블 내에서 내용의 정렬을 조절할 수 있습니다.

다음 예를 봅시다.

▶ css05-4.html

```
<!doctype html>
<html lang="ko">
<head>
<meta charset="utf-8">
<title>테이블 크기와 정렬 지정하기</title>

<style>
  table, th, td {
  border: 2px solid darkred;
}

  table {
  width: 50%;
}

th {
  height: 50px;
  text-align: right;
  vertical-align: bottom;
}
```

```
td {
  height: 40px;
  text-align: center;
  vertical-align: bottom;
}
</style>

</head>
<body>

<table>
  <tr>
    <th>부서</th>
    <th>이름</th>
  </tr>
  <tr>
    <td>연수부</td>
    <td>홍길동</td>
  </tr>
  <tr>
    <td>관리부</td>
    <td>김심청</td>
  </tr>
</table>

</body>
</html>
```

▶ 실행 결과

테이블의 너비를 %로 지정하면 화면 크기에 따라 테이블의 크기가 조절됩니다.

〈th〉는 기본적으로 가로 가운데, 세로 중간에 행 제목을 표시하나 text-align 프로퍼티와 vertical-align 프로퍼티로 텍스트 위치를 조절할 수 있습니다.

〈td〉는 기본적으로 가로 왼쪽, 세로 중간에 내용을 정렬하나 이것도 text-align 프로퍼티와 vertical-align 프로퍼티로 조절할 수 있습니다.

또한 〈th〉와 〈td〉 요소에 height 프로퍼티를 사용하여 높이를 조절할 수 있습니다.

가로 구분선 표시하기

border-bottom이나 border-top 프로퍼티를 사용하면 테이블을 응용해서 표시되는 내용에 가로 구분선을 표시할 수 있습니다. 다음의 예를 봅시다.

▶ css05-5.html

```
<!doctype html>
<head>
<meta charset="utf-8">
<title>가로 구분선 표시하기</title>

<style>
table {
  border-collapse: collapse;
  width: 100%;
}

th, td {
  padding: 5px;
  text-align: left;
  border-bottom: 2px dotted grey;
}
</style>

</head>
<body>

<table>
```

```
      <tr>
        <th>부서</th>
        <th>이름</th>
      </tr>
      <tr>
        <td>연수부</td>
        <td>홍길동</td>
      </tr>
      <tr>
        <td>관리부</td>
        <td>김심청</td>
      </tr>
  </table>

</body>
</html>
```

▶ 실행 결과

위와 같이 border-collapse 프로퍼티로 선을 1개로 지정하고, border-bottom 프로
퍼티로 아래쪽 선을 지정하면 내용 아래에 밑줄이 표시됩니다.

만약 border-top 프로퍼티를 사용하면 내용 위쪽에 선이 표시됩니다.

테이블 줄무늬 표시하기

nth-child( ) 선택자와 background-color 프로퍼티를 사용하면 다음과 같이 테이블의 짝수행이나 홀수행에 번갈아 배경색을 지정함으로서 줄무늬 효과를 낼 수 있습니다.

▶ css05-6.html

```
<!doctype html>
<html lang="ko">
<head>
<meta charset="utf-8">
<title>테이블 줄무늬 표시하기</title>

<style>
table {
  border-collapse: collapse;
  width: 100%;
}

th {
  background-color: #4682B4;
  color: white;
  font-weight: 900;
}

th, td {
  text-align: left;
```

```
    padding: 10px;
}

tr:nth-child(odd){background-color: #B0E0E6}
</style>

</head>
<body>

<table>
  <tr>
    <th>부서</th>
    <th>이름</th>
  </tr>
  <tr>
    <td>연수부</td>
    <td>홍길동</td>
  </tr>
  <tr>
    <td>관리부</td>
    <td>김심청</td>
  </tr>
  <tr>
    <td>조사부</td>
    <td>이진희</td>
  </tr>
  <tr>
    <td>개발부</td>
    <td>고수란</td>
  </tr>
```

```
</table>

</body>
</html>
```

▶ 실행 결과

지금은 nth-chide(odd)로 기술하여 홀수행에 배경색이 표시되었습니다. 반대로 선택자를 nth-child(even)으로 기술하면 짝수행에 배경색이 지정됩니다.

마우스를 올리면 색 변하기

css05-6.html을 수정하여 nth-child( ) 선택자 대신 다음과 같이 hover 선택자를 사용하면 테이블의 행에 마우스를 올리면 동적으로 그 행만 지정된 색이 표시됩니다.

▶ css05-7.html

중략

```
tr:hover{background-color:#B0E0E6}
```

중략

▶ 실행 결과

순서 없는 목록의 글머리 기호 지정하기

list-style-type 프로퍼티를 사용하면 순서 없는 목록의 글머리 기호를 지정할 수 있습니다. 다음의 예를 봅시다.

▶ css05-8.html

```
<!doctype html>
<html lang="ko">
<head>
<meta charset="utf-8">
<title>순서 없는 목록의 글머리 기호 지정하기</title>
<style>
.sample1 {
  list-style-type: disc;
}

.sample2 {
  list-style-type: circle;
}

.sample3 {
  list-style-type: square;
}

.sample4 {
  list-style-type: none;
}
```

```
</style>

</head>
<body>

<p>list-style-type: disc의 예</p>
  <ul class="sample1">
    <li>에스프레소</li>
    <li>아메리카노</li>
  </ul>
<p>list-style-type: circle의 예</p>
  <ul class="sample2">
    <li>에스프레소</li>
    <li>아메리카노</li>
  </ul>
<p>list-style-type: square의 예</p>
  <ul class="sample3">
    <li>에스프레소</li>
    <li>아메리카노</li>
  </ul>
<p>list-style-type: none의 예</p>
  <ul class="sample4">
    <li>에스프레소</li>
    <li>아메리카노</li>
  </ul>

</body>
</html>
```

▶ 실행 결과

list-style-type 프로퍼티에는 disc, circle, square, none로 값을 지정할 수 있으며 다음과 같습니다.

disc : 검은색 둥근 점으로 표시(●)

circle : 흰색의 둥근 점으로 표시(○)

square : 사각형의 점으로 표시(■)

none : 기호를 표시하지 않음

순서 있는 목록의 글머리 기호 지정하기

순서 있는 목록도 순서 없는 목록과 동일하게 list-style-type 프로퍼티를 사용하여 글머리 기호를 지정할 수 있습니다. 다음 예를 봅시다.

▶ css05-9.html

```html
<!doctype html>
<html lang="ko">
<head>
<meta charset="utf-8">
<title>순서 있는 목록의 글머리 기호 지정하기</title>
<style>
.sample1 {
  list-style-type: decimal;
}

.sample2 {
  list-style-type: decimal-leading-zero;
}

.sample3 {
  list-style-type: lower-alpha;
}

.sample4 {
  list-style-type: upper-alpha;
}
```

```
.sample5 {
  list-style-type: lower-roman;
}
.sample6 {
  list-style-type: upper-roman;
}
.sample7 {
  list-style-type: none;
}
</style>
</head>
<body>

<p>list-style-type: decimal의 예</p>
  <ol class="sample1">
    <li>에스프레소</li>
    <li>아메리카노</li>
  </ol>
<p>list-style-type: decimal-leading-zero의 예</p>
  <ol class="sample2">
    <li>에스프레소</li>
    <li>아메리카노</li>
  </ol>
<p>list-style-type: lower-alpha의 예</p>
  <ol class="sample3">
    <li>에스프레소</li>
    <li>아메리카노</li>
  </ol>
```

```
<p>list-style-type: upper-alpha의 예</p>
  <ol class="sample4">
    <li>에스프레소</li>
    <li>아메리카노</li>
  </ol>
<p>list-style-type: lower-roman의 예</p>
  <ol class="sample5">
    <li>에스프레소</li>
    <li>아메리카노</li>
  </ol>
<p>list-style-type: upper-roman의 예</p>
  <ol class="sample6">
    <li>에스프레소</li>
    <li>아메리카노</li>
  </ol>
<p>list-style-type: none의 예</p>
  <ol class="sample7">
    <li>에스프레소</li>
    <li>아메리카노</li>
  </ol>

</body>
</html>
```

여기서 사용한 'decimal', 'decim al-leading-zero', 'lower-alpha', 'upper-alpha', 'lower-roman', 'upper-roman' 값은 모든 브라우저에서 유효한 값입니다. 이 값들 이외에 'cjk-ideographic', 'armenian', 'georgian', 'hebrew', 'hiragana', 'hiragana-iroha', 'katakana', 'katakana-iroha', 'lower-greek', 'lower-latin', 'upper-latin' 등의 값을 사용할 수 있으나 브라우저에 따른 차이가 있으므로 테스트 후에 사용하는 것이 좋습니다.

이미지로 목록의 글머리 기호 표시하기

list-style-image 프로퍼티를 사용하면 순서 있는 목록이나 순서 없는 목록의 글머리 기호를 이미지로 사용할 수 있습니다. 다음 예를 봅시다.

▶ css05-10.html

```
<!doctype html>
<html lang="ko">
<head>
<meta charset="utf-8">
<title>이미지로 목록의 글머리 기호 표시하기</title>
<style>
.sample1 {
  list-style-image: url("pic/pic1.gif");
}
.sample2 {
  list-style-image: url("pic/pic2.gif");
}
</style>
</head>

<body>
<p>그림 사용의 예</p>
<ul class="sample1">
  <li>에스프레소</li>
  <li>아메리카노</li>
```

```
        <li>카페라떼</li>
    </ul>
    <p>그림 사용의 예</p>
    <ol class="sample2">
        <li>에스프레소</li>
        <li>아메리카노</li>
        <li>카페라떼</li>
    </ol>
    </body>
    </html>
```

순서 없는 목록이나 순서 있는 목록에 대해 list-style-image 프로퍼티의 값으로
'url(이미지 경로와 이름)'을 지정하면 위와 같이 해당 이미지가 글머리 기호로 표시됩
니다.

목록 들여쓰기

list-style-position 프로퍼티를 사용하면 목록의 항목들을 들여쓰기할 수 있습니다.
다음 예를 봅시다.

▶ css05-11.html

```
<!doctype html>
<html lang="ko">
<head>
<meta charset="utf-8">
<title>목록 들여쓰기</title>

<style>
  .sample1 {list-style-position:inside;}
  .sample2 {list-style-position:outside;}
</style>

</head>
<body>

<p>list-style-position:inside의 예</p>
  <ul class="sample1">
    <li>에스프레소</li>
    <li>아메리카노</li>
    <li>카페라떼</li>
  </ul>
```

```
<p>list-style-position:outside의 예(기본)</p>
  <ul class="sample2">
    <li>에스프레소</li>
    <li>아메리카노</li>
    <li>카페라떼</li>
  </ul>

</body>
</html>
```

list-style-position 프로퍼티의 값을 inside로 지정하면 목록이 일반 내용에 비해 들여쓰기가 되어 출력됩니다. 기본 값은 outside입니다.

PROGRAMMING

목록의 크기, 간격, 배경색 지정하기

목록에도 width, background-color, padding, margin 프로퍼티를 지정하여 다양하게 스타일을 지정할 수 있습니다. 다음의 예를 보고 값을 변경하면서 테스트해 보기 바랍니다.

▶ css05-12.html

```
<!doctype html>
<html lang="ko">
<head>
<meta charset="utf-8">
<title>목록의 크기, 간격, 배경색 지정하기</title>

<style>
ol {
  width: 40%;
  background: #FA8072;
  padding: 30px;
}
ul {
  width: 40%;
  background: #F0E68C;
  padding: 20px;
}
ol li {
  background: #F8E0F7;
```

```
      padding: 5px;
      margin: 10px;
   }
   ul li {
      background: #FFFFE0;
      margin: 10px;
   }
</style>
</head>

<body>
<p>순서 있는 목록</p>
<ol class="sample1">
   <li>에스프레소</li>
   <li>아메리카노</li>
   <li>카페라떼</li>
</ol>

<p>순서 없는 목록</p>
<ul class="sample2">
   <li>에스프레소</li>
   <li>아메리카노</li>
   <li>카페라떼</li>
</ul>

</body>
</html>
```

요점 정리

- 테이블의 선을 표시하기 위해서는 border 프로퍼티를 사용하고 padding 프로퍼티로 내용과 선의 간격을 조절할 수 있습니다.

- border-collapse 프로퍼티를 추가하면 1개의 테이블 선만 표시할 수 있습니다.

- font-weight 프로퍼티로 테이블 내용의 테스트 굵기를 조절할 수 있으며, color와 background-color 프로퍼티로 글자색과 배경색을 지정할 수 있습니다.

- width와 height 프로퍼티를 적절히 사용하여 테이블의 크기를 조절할 수 있으며, text-align 프로퍼티로 테이블 내에서 내용의 정렬을 조절할 수 있습니다.

- border-bottom이나 border-top 프로퍼티를 사용하면 테이블을 응용해서 표시되는 내용에 가로 구분선을 표시할 수 있습니다.

- nth-child( ) 선택자와 background-color 프로퍼티를 사용하면 테이블의 짝수행이나 홀수행에 번갈아 배경색을 지정함으로서 줄무늬 효과를 낼 수 있습니다.

- hover 선택자를 사용하면 테이블의 행에 마우스를 올리면 동적으로 그 행만 지정된 색이 표시됩니다.

- list-style-type 프로퍼티를 사용하면 순서없는 목록과 순서 있는 목록의 글머리 기호를 지정할 수 있습니다.

- list-style-image 프로퍼티를 사용하면 순서 있는 목록이나 순서 없는 목록의 글머리 기호를 이미지로 사용할 수 있습니다.

- list-style-position 프로퍼티를 사용하면 목록의 항목들을 들여쓰기할 수 있습니다.

- 목록에도 width, background-color, padding, margin 프로퍼티를 지정하여 다양하게 스타일을 지정할 수 있습니다.

Chapter

6

코딩 첫걸음 시리즈

Cascading

Style

Sheets

이미지와 폼

이미지 크기와 모서리 조절하기

이미지의 크기는 width와 height 프로퍼티로 조절할 수 있으며, 모서리를 둥글게 표현하는 작업은 border-radius 프로퍼티를 사용합니다. 다음 예를 봅시다.

▶ css06-1.html

```
<!doctype html>
<html lang="ko">
<head>
<meta charset="utf-8">
<title>이미지 크기와 모서리 조절하기</title>

<style>
.sample1 {
  border-radius: 50%;
  width: 40%;
}

.sample2 {
  border-radius:20px;
  width: 300px;
  height: 200px;
}

</style>
</head>
<body>
```

```
<h2>이미지 크기와 모서리 조절</h2>
<img class="sample1" src="sea.jpg" alt="거진해변">
<img class="sample2" src="sea.jpg" alt="거진해변">

</body>
</html>
```

▶ 실행 결과 1

▶ 실행 결과 2

border-radius나 width, height 프로터피의 값을 %나 숫자 단위로 지정할 수 있습니다. width와 height 프로퍼티 값으로 'px'로 지정한 이미지의 크기는 고정된 크기이지만 %로 지정된 이미지의 크기는 브라우저의 크기에 따라 변경됩니다.

이미지에 테두리와 그림자 넣고 투명도 조절하기

사진에 테두리나 그림자를 넣거나 사진을 흐리게 만들기 위해서는 그래픽 프로그램을 사용해야 하지만 CSS만으로도 그림의 주위에 테두리를 넣어서 사진의 효과를 극대화 시킬 수 있고 사진에 투명도를 조절하여 흐리게도 할 수 있습니다. 여기에서는 이미지에 테두리를 넣거나 투명도를 조절하고 그림자를 넣어서 사진을 표현하는 방법에 대해 알아보겠습니다.

이미지에 테두리 표시하기

border와 padding 프로퍼티를 사용하면 이미지 테두리를 표시할 수 있습니다. 'css06-2.html' 문서를 불러와서 이미지에 테두리를 넣는 방법을 알아봅시다.

▶ **css06-2.html**

```
<!doctype html>
<html lang="ko">
<head>
<meta charset="utf-8">
<title>이미지에 테두리 표시하기</title>

<style>
.sample{
  border: 1px solid #d5d5d5;
  padding: 10px;
```

```
    width: 400px;
    height: 300px;
}

</style>
</head>
<body>

<h2>이미지 테두리 만들기</h2>
<img class="sample" src="sea.jpg" alt="거진해변">

</body>
</html>
```

▶ 실행 결과

이미지 테두리의 크기는 padding 값으로 결정됩니다. padding을 지정하고 그 외부에 border로 선을 표시해서 이미지 테두리를 표현합니다. 여기서는 선의 두께는 1px 의 단선, 색상을 회색, 사진과 테두리의 간격은 10px로 설정하였습니다.

이미지 그림자와 투명도 조절하기

이미지 그림자는 border-shadow 프로퍼티로 지정하고, 이미지의 투명도는 opacity 프로퍼티로 지정할 수 있습니다. 'css06-3.html' 문서를 실행하여 이미지에 그림자를 넣고 투명도를 조절하는 프로퍼티에 대해서 알아보겠습니다.

▶ **css06-3.html**

```
<!doctype html>
<html lang="ko">
<head>
<meta charset="utf-8">
<title>이미지 그림자와 투명도 조절하기</title>

<style>
.sample{
  width: 80%;
  box-shadow: 8px 8px 5px #bababa;
  opacity: 0.5;
}

</style>

</head>
<body>
```

```
<h2>이미지 그림자와 투명도</h2>
<img class="sample" src="skycart.jpg" alt="하늘을 나는 구름 카트"
width="1000" height="300">

</body>
</html>
```

▶ 실행 결과

box-shadow 프로퍼티에는 그림자의 수평 거리, 수직 거리, 번짐 거리(정도)와 색상
을 지정했습니다(66페이지 참조).

opacity 프로퍼티는 0.0에서 1.0까지의 값으로 투명도를 지정합니다.

폴라로이드 사진 만들기

이미지에 대해 padding과 border-shadow 프로퍼티를 적절히 사용하면 폴라로이드 사진처럼 만들 수 있습니다. 'css06-4.html' 문서를 열어서 확인해 봅시다.

▶ **css06-4.html**

```
<!doctype html>
<html lang="ko">
<head>
<meta charset="utf-8">
<title>폴라로이드 사진 만들기</title>

<style>
.picture {
  width: 80%;
  box-shadow: 0 4px 8px 0 #bababa;
}
.text {
  font-family: HY엽서M;
  font-size: 1em;
  text-align: center;
  padding: 5px;
}
</style>

</head>
<body>
```

```
<h2>폴라로이드 사진 만들기</h2>

<div class="picture">
   <img src="sea.jpg" alt="거진해변" style="width:100%">
   <div class="text">
      <p>거진의 겨울 바다</p>
      <p>아름다운 청정 해변이 고스란히 남아 있는 곳...</p>
   </div>
</div>

</body>
</html>
```

▶ 실행 결과

⟨img⟩ 태그로 이미지를 표시하고 ⟨p⟩ 태그로 사진 아래 부분 설명을 기술하였습니다. 이미지와 텍스트에 picture 클래스를 적용하고, 텍스트에 대해서는 추가로 text 클래스를 적용하고 있습니다.

텍스트 필드 스타일 지정하기

HTML의 〈form〉 태그는 여러 가지 형태로 글자를 입력하는 텍스트 필드를 지정할 때 사용합니다. 텍스트 필드는 흰색 배경으로 표시되는 것이 기본이지만 CSS를 사용하면 다양한 모양으로 변경할 수 있습니다. 여기에서는 텍스트 필드 스타일을 지정하는 방법에 대해 알아보겠습니다.

input 필드 스타일 지정하기

사용자가 데이터를 입력하는 input 필드에도 크기, 여백, 테두리, 배경색 등 다양한 스타일을 지정할 수 있습니다. 'css06-5.html' 문서를 통해 알아 봅시다.

▶ **css06-5.html**

```
<!doctype html>
<html lang="ko">
<head>
<meta charset="utf-8">
<title>input 필드 스타일 지정하기</title>

<style>
input[type=text] {
  width: 200px;
  height: 10px;
  padding: 12px 12px;
```

```
    margin: 8px 5px;
    border: 1px solid #FFD700;
    background-color: #FFFFE0;
  }
</style>

</head>
<body>

<p>input 텍스트 필드 스타일</p>

<form>
  <label for="이름상자">이름</label>
  <input type="text" id="name" name="name">
  <br>
  <label for="주소상자">주소</label>
  <input type="text" id="addr" name="addr">
</form>

</body>
</html>
```

▶ 실행 결과

input 텍스트 필드 스타일

이름

주소

width, height 프로퍼티로 입력 상자의 크기를 지정하고 margin과 padding 프로퍼티로 바깥쪽과 안쪽 여백을 조절했습니다. 또한 border 프로퍼티로 테두리 선을 지정하고 background-color 프로퍼티로 배경색을 지정했습니다.

여기서 사용한 input[type=text]는 input[type=password], input[type=number], …, 와 같이 필드의 용도에 따라 달리 기술할 수 있습니다.

 클릭하면 색이 변하는 input 필드 만들기

input 필드에 :focus 선택자를 사용하면 해당 필드를 클릭했을 때 동적으로 적용되는 스타일을 지정할 수 있습니다. 'css06-6.html' 문서를 살펴봅시다.

▶ **css06-6.html**

```
<!doctype html>
<html lang="ko">
<head>
<meta charset="utf-8">
<title>클릭하면 색이 변하는 input 필드 만들기</title>

<style>
input[type=text] {
  width: 200px;
  height: 10px;
  padding: 12px 12px;
  margin: 8px 5px;
  border: 1px solid #FFD700;
```

```
    background-color: #FFFFE0;
}
input[type=text]:focus {
    background-color: #FFD700;
}
</style>

</head>
<body>

<p>input 텍스트 필드 스타일</p><form>

    <label for="이름상자">이름</label>
    <input type="text" id="name" name="name">
    <br>
    <label for="주소상자">주소</label>
    <input type="text" id="addr" name="addr">
</form>
</body>
</html>
```

▶ 실행 결과

input 텍스트 필드 스타일

이름

주소

input 필드에 :focus 선택자와 background-color 프로퍼티가 지정되어 있어서 input 필드를 클릭하면 동적으로 배경색이 바뀝니다.

textarea 스타일 지정하기

textarea도 input 필드처럼 다양한 프로퍼티를 사용하여 스타일을 지정할 수 있습니다. 다음 예를 봅시다.

▶ **css06-7.html**

```html
<!doctype html>
<html lang="ko">
<head>
<meta charset="utf-8">
<title>textarea 스타일 지정하기</title>

<style>
textarea {
  width: 50%;
  height: 100px;
  padding: 12px 20px;

  border: 4px solid #BDB76B;
  border-radius: 4px;
  background-color: #FFFFE0;

  font-size: 16px;
}

</style>
</head>

<body>
<form>
  <textarea>여기에 텍스트를 표시합니다.</textarea>
</form>
```

```
  </body>
</html>
```

weight, height와 padding 프로퍼티로 크기와 여백을 지정하고, border, border-radius, background-color 프로퍼티로 테두리와 색을 지정했으며, font-size 프로퍼티를 지정하여 입력되는 텍스트의 크기를 지정했습니다.

드롭다운 목록스타일 지정하기

〈select〉 태그로 생성되는 드롭다운 목록에도 다음과 같이 다양한 스타일을 지정할 수 있습니다.

▶ css06-8.html

```
<!doctype html>
<html lang="ko">
<head>
<meta charset="utf-8">
<title>드롭다운 목록 스타일 지정하기</title>

<style>
select {
  width: 50%;
```

```
    padding: 16px 20px;

    border: 1px solid #2E8B57;

    border-radius: 10px;

    background-color: #00FA9A;

}

</style>

</head>

<body>

<p>통신사를 선택하세요.</p>

<form>

  <select id="telcom" name="telcom">

    <option value="com">KT</option>

    <option value="com">LGT</option>

    <option value="com">SKT</option>

  </select>

</form>

</body>

</html>
```

드롭다운 목록도 width와 pa
dding 프로퍼티로 크기와 여백
을 지정하고, border, border-
radius, background-color 등
의 프로퍼티를 사용하여 스타일
을 지정할 수 있습니다.

요점 정리

- 이미지의 크기는 width와 height 프로퍼티로 조절할 수 있으며, 모서리를 둥글게 표현하는 작업은 border-radius 프로퍼티를 사용합니다.
- border와 padding 프로퍼티를 이미지에 응용해서 이미지 테두리를 표시할 수 있습니다.
- 이미지 그림자는 border-shadow 프로퍼티로 지정하고, 이미지의 투명도는 opacity 프로퍼티로 지정할 수 있습니다.
- opacity 프로퍼티는 0.0에서 1.0까지의 값으로 투명도를 지정합니다.
- 이미지에 대해 padding과 border-shadow 프로퍼티를 적절히 사용하면 폴라로이드 사진처럼 만들 수 있습니다.
- 사용자가 데이터를 입력하는 input 필드에도 크기, 여백, 테두리, 배경색 등 다양한 스타일을 지정할 수 있습니다.
- input[type=text]는 input[type=password], input[type=number], …, 와 같이 필드의 용도에 따라 달리 기술할 수 있습니다.
- input 필드에 :focus 선택자를 사용하면 해당 필드를 클릭했을 때 동적으로 적용되는 스타일을 지정할 수 있습니다.
- textarea도 input 필드처럼 다양한 프로퍼티를 사용하여 스타일을 지정할 수 있습니다.
- 〈select〉 태그로 생성되는 드롭다운 목록에도 크기, 여백, 테두리, 배경색 등 다양한 스타일을 지정할 수 있습니다.

Chapter

7

코딩 첫걸음 시리즈

Cascading

Style

Sheets

레이아웃과 멀티 컬럼

블록 레벨 요소와 인라인 요소

모든 HTML 태그는 기본적으로 블록 레벨 요소(block-level element)이거나 인라인 요소(inline element) 중 하나입니다. 블록 레벨 요소는 특정 라인의 처음부터 끝까지 전체 너비를 다 차지합니다. 따라서 블록 레벨 요소들은 항상 새 라인에 내용을 표시합니다. 다음과 같은 태그들이 블록 레벨 요소에 속합니다.

```
<div>
<h1> - <h6>
<p>
<form>
<header>
<footer>
<section>
```

반면에 인라인 요소는 해당 내용이 실제로 필요로 하는 만큼만 너비를 차지하기 때문에 항상 새 라인에서 시작되지 않고 옆으로 계속 다른 내용이 표시될 수 있습니다. 다음과 같은 태그들이 인라인 요소에 속합니다.

```
<span>
<a>
<img>
```

이러한 기본적인 특성을 display 프로퍼티를 사용해서 조절할 수 있으며 이 프로퍼티는 'inline', 'block', 'inline-block', 'none' 등의 값을 가질 수 있습니다.

블록 레벨 요소를 인라인 요소로 변환하기

다음과 같이 display: inline 프로퍼티를 지정하면 블록 레벨 요소를 인라인 요소로 변환하여 옆으로 여러 개를 나열할 수 있습니다.

▶ **css07-1.html**

```
<!doctype html>
<html lang="ko">
<head>
<meta charset="utf-8">
<title>블록레벨 요소와 인라인 요소</title>

<style>
.sample {
  display: inline;
}
</style>

</head>
<body>

<h3>원래의 목록</h3>
<ul>
  <li>청년기</li>
  <li>중년기</li>
  <li>노년기</li>
</ul>

<h3>display: inline이 지정된 목록</h3>
<ul>
```

```
      <li class="sample">청년기</li>
      <li class="sample">중년기</li>
      <li class="sample">노년기</li>
   </ul>

</body>
</html>
```

▶ 실행 결과

목록은 원래 블록 레벨 요소로서 각 항목이 하나의 라인을 차지하지만 display: inline이 정의되어 있는 sample 클래스가 지정된 목록은 항목들이 다음과 같이 한 줄로 나열됩니다.

인라인 요소를 블록 레벨 요소로 변환하기

다음과 같이 display: block 프로퍼티를 지정하면 원래 옆으로 나열되는 인라인 요소를 블록 레벨 요소로 변환하여 수직으로 나열할 수 있습니다.

▶ css07-2.html

```
<!doctype html>
<html lang="ko">
<head>
<meta charset="utf-8">
```

```
<title>블록레벨 요소와 인라인 요소</title>

<style>
.sample {
  display: block;
}
</style>

</head>
<body>

<span>이 단락은 display: block이 지정되지 않아서</span> <span>인라
인 요소의 특성을 유지하므로 옆으로 길게 표시됩니다.</span>

<br><br>

<span class="sample">이 단락은 display: block이 지정되어서</span>
<span class="sample">블록 레벨 요소처럼 각기 1개 라인을 차지합니
다.</span>

</body>
</html>
```

▶ 실행 결과

이 단락은 **display: block**이 지정되지 않아서 인라인 요소의 특성을 유지하므로 옆으로 길게 표시됩니다.

이 단락은 **display: block**이 지정되어서
블록레벨 요소처럼 각기 1개 라인을 차지합니다.

〈span〉 태그는 인라인 요소이므로 여러 개를 연달아 기술하면 옆으로 길게 표시되
는데 display: block을 정의한 sample 클래스를 적용하면 블록 레벨 요소처럼 각각
한 개 라인을 차지하여 위와 같이 출력됩니다.

박스를 옆으로 나열하기

display: inline-block 프로퍼티를 지정하면 여러 개의 박스들을 옆으로 나열할 수 있습니다. 다음 예를 봅시다.

▶ css07-3.html

```
<!doctype html>
<html lang="ko">
<head>
<meta charset="utf-8">
<title>박스를 옆으로 나열하기</title>

<style>
.sample {
  display: inline-block;
  width: 200px;
  height: 100px;
  margin: 10px;
  border: 5px solid #20B2AA;
}
</style>

</head>
<body>

<h3>inline-block 상자</h3>

<p class="sample">inline-block 상자</p>
```

```
<p class="sample">inline-block 상자</p>
<p class="sample">inline-block 상자</p>
<p class="sample">inline-block 상자</p>
<p class="sample">inline-block 상자</p>
<p class="sample">inline-block 상자</p>

</body>
</html>
```

▶ 실행 결과

⟨p⟩ 태그는 블록 레벨 요소이므로 각각 1개 라인을 차지하지만 여기서는 display: inlne-block 프로퍼티를 지정하여 옆으로 표시하였습니다.

inline은 요소의 모든 특성을 인라인으로 변환하지만 inline-block은 블록 레벨 요소의 특성을 그대로 유지하면서 표시만 인라인으로 변환한다는 점이 다릅니다.

특정 요소 숨기기

문서의 특정 내용을 보이지 않게 숨기는 2가지 방법이 있습니다. display: none 프로퍼티와 visibility: hidden 프로퍼티가 사용됩니다. display: none을 사용하면 내용을 숨기면서 영역을 차지하지 않지만 visibility: hidden 프로퍼티를 사용하면 내용을 숨기면서 영역이 비어있는 채로 표시됩니다. 'css07-4.html' 문서를 통해 살펴봅시다.

▶ css07-4.html

```
<!doctype html>
<html lang="ko">
<head>
<meta charset="utf-8">
<title>특정 요소 숨기기</title>

<style>
.sample1 {
  display: none;
}
.sample2 {
  visibility: hidden;
}
</style>
</head>
<body>
<h2>1번 헤딩입니다.</h2>
<h2 class="sample1">display: none이 지정된 2번 헤딩입니다.</h2>
```

```
<h2>3번 헤딩입니다.</h2>
<h2 class="sample2">visibility: hidden이 지정된 4번 헤딩입니다.
</h2>
<h2>5번 헤딩입니다.</h2>

</body>
</html>
```

2번 헤딩이 숨겨지면서 원래 차지했던 영역 또한 보이지 않습니다. display: initial로
수정하면 다시 내용이 표시됩니다.

반면에 4번 헤딩은 내용은 숨겨졌으나 원래 차지했던 영역이 빈 채로 출력됩니다.
visibility: visible로 수정하면 다시 내용이 표시됩니다.

오른쪽이나 왼쪽에 배치하기

텍스트와 이미지나 박스가 섞여 있는 경우 기본적으로는 기술한 순서대로 위에서 아래로 나열되어 표시됩니다. 그러나 float: right나 float: left 프로퍼티를 사용하면 텍스트의 오른쪽이나 왼쪽에 이미지나 박스를 배치할 수 있습니다.

다음 예를 봅시다.

▶ css07-5.html

```
<!doctype html>
<html lang="ko">
<head>
<meta charset="utf-8">
<title>오른쪽이나 왼쪽에 배치하기</title>

<style>
img {
  float: right;
  margin: 0 0 20px 20px;
}
</style>

</head>
<body>

<h3>이미지가 텍스트의 오른쪽에 표시됩니다.</h3>

<img src="pic1.jpg" alt="구글글래스" width="260" height="220">
```

```
<p>6월 27일 샌프란시스코의 구글 I/O에서 구글 글래스의 데모 버전을 발
표했다. </p>
<p>구글 글래스를 착용한 스카이다이버들이 스카이다이빙하는 동영상을 실
시간으로 공개하였다.</p>
<p>10월 31일 타임지에서 2012년 최고의 발명품 중 하나로 선정되었다.</p>
<p>이 글래스는 통화와 소셜네트워크, 사진촬영, 검색 등을 지원한다.</p>

</body>
</html>
```

▶ 실행 결과

float: right를 float: left로 수정하면 위와는 반대로 이미지가 텍스트의 왼쪽에 표
시됩니다.

박스보다 큰 이미지 조절하기

박스에 이미지를 넣을 때 이미지가 박스보다 크면 박스 테두리를 넘어서 표시됩니다. 이때 overflow: auto 프로퍼티와 clear 프로퍼티를 사용해서 조절할 수 있습니다. 다음 예를 봅시다.

▶ **css07-6.html**

```
<!doctype html>
<html lang="ko">
<head>
<meta charset="utf-8">
<title>박스보다 큰 이미지 조절하기</title>

<style>
.box1 {
  border: 3px solid #73AD21;
  padding: 5px;
}

.box2 {
  border: 3px solid #73AD21;
  padding: 5px;
  overflow: auto;
}

.right {
  float: right;
```

```
}
</style>
</head>
<body>

<div class="box1">
<img class="right" src="pic1.jpg" alt="구글 글래스" width="260"
height="200">
6월 27일 샌프란시스코의 구글 I/O에서 구글 글래스의 데모 버전을 발표했
다.
구글 글래스를 착용한 스카이다이버들이 스카이다이빙하는 동영상을 실시간
으로 공개하였다.
</div>

<br style="clear:right">
<br style="clear:right">

<div class="box2">
<img class="right" src="pic1.jpg" alt="구글 글래스" width="260"
height="200">
6월 27일 샌프란시스코의 구글 I/O에서 구글 글래스의 데모 버전을 발표했
다.
구글 글래스를 착용한 스카이다이버들이 스카이다이빙하는 동영상을 실시간
으로 공개하였다.
</div>

</body>
</html>
```

2개 이미지 모두 박스 내에서 오른쪽으로 표시됩니다. 그러나 첫 번째 이미지는 박스를 벗어납니다.

반면에 두 번째 이미지는 overflow: auto 프로퍼티로 인해 박스 내에 표시됩니다. 또한 여기서는 2개 박스 사이에 간격을 주기 위해 〈br〉 태그를 사용했는데 clear: right 프로퍼티를 기술했습니다. 이 프로퍼티는 앞서 사용된 float: right 프로퍼티의 효과를 지우는 것입니다. 이 프로퍼티를 지정하지 않으면 두 번째 박스가 첫 번째 박스의 빈 공간에 이어서 표시됩니다.

만약 float 프로퍼티가 'left' 값이면 clear: left 프로퍼티를 사용하면 됩니다.

요소의 위치 지정하기

웹 문서를 만들면서 여러 요소들을 배치해야 하는 경우가 많이 있습니다. 요소를 배치하기 위해서는 position 프로퍼티를 사용하며, 'relative', 'absolute', 'fixed', 'static' 등 4개의 값을 가질 수 있습니다. 이 position 프로퍼티의 값의 설정에 따라 위치를 상대 위치, 절대 위치로 지정하거나 고정할 수도 있습니다.

상대 위치 지정하기

상대 위치는 원래 해당 요소가 있어야 하는 위치를 기준으로 새로운 위치를 지정하는 것을 말합니다. 프로퍼티는 position: relative을 사용합니다. 'css07-7.html' 문서를 실행해 상대 위치 지정에 대해 알아보겠습니다.

▶ css07-7.html

```
<!doctype html>
<html lang="ko">
<head>
<meta charset="utf-8">
<title>상대 위치 지정하기</title>

<style>
.relative {
  position: relative;
  left: 50px;
```

```
    top: 30px;
    border: 5px solid #DC143C;
    width: 400px;
}
</style>

</head>
<body>

<h3>position: relative의 예입니다.</h3>

<p class="relative">이 박스는 position: relative로 지정했습니다.</
p>

</body>
</html>
```

▶ 실행 결과

일반적으로 박스가 표시되는 위치(relative 클래스가 지정되지 않았을 때 표시되는
위치)에서 왼쪽에서 50px, 위에서 30px 떨어진 위치에 박스가 표시됩니다.

절대 위치 지정하기

position: absolute 프로퍼티는 이전에 기술된 요소 중에서 가장 가까운 곳에 있으면서 position이 지정된 요소를 기준으로 새로운 위치를 지정합니다. 그래서 이 프로퍼티는 다음 예와 같이 주로 박스 내에 박스를 표시하는 작업에 주로 사용됩니다.

▶ **css07-8.html**

```html
<!doctype html>
<html lang="ko">
<head>
<meta charset="utf-8">
<title>절대 위치 지정하기</title>

<style>
.relative {
  position: relative;
  width: 400px;
  height: 200px;
  border: 5px solid #DC143C;
}

.absolute {
  position: absolute;
  bottom: 3px;
  right: 3px;
  width: 200px;
  height: 100px;
  border: 5px solid #DC143C;
}
```

```
</style>

</head>

<body>

<h3>position: absolute의 예입니다.</h3>

<div class="relative">이 박스는 position: relative로 지정했습니다.
<div class="absolute">이 박스는 position: absolute로 지정했습니다.</div>
</div>

</body>

</html>
```

▶ 실행 결과

바깥쪽 박스에 position: relative가 지정되어 있기 때문에 안쪽 박스에서 posi tion: absolute 프로퍼티로 위치를 지정하는 것이 가능합니다. 바깥쪽 박스의 position: relative 프로퍼티는 단지 안쪽 박스에서 position: absolute 프로퍼티로 위치를 지정하기 위해 사용한 것입니다.

만약 앞쪽에 position이 지정된 요소가 없을 때는 〈body〉 요소가 기준이 됩니다.

고정 위치 지정하기

고정 위치는 position: fixed 프로퍼티를 사용하는데 이 프로퍼티는 단순히 보이는 화면의 왼쪽 상단을 기준으로 위치를 지정합니다. 다음 예를 봅시다.

▶ **css07-9.html**

```
<!doctype html>
<html lang="ko">
<head>
<meta charset="utf-8">
<title>고정 위치 지정하기</title>

<style>
.fixed {
    position: fixed;
    top: 60px;
    right: 20px;
    width: 400px;
    border: 5px solid #DC143C;
}

</style>
</head>
<body>

<h3>position: fixed의 예입니다.</h3>

<p class="fixed">이 박스는 position: fixed로 지정했습니다.</p>

</body>
</html>
```

▶ 실행 결과

고정 위치 지정하기

position: fixed의 예입니다.

이 박스는 position: fixed로 지정했습니다.

우리가 따로 예제를 보지는 않았지만 position: static 프로퍼티는 모든 위치 지정을 무효화합니다. left, right, top, bottom 프로퍼티가 지정된 상태에서 그 효과를 없애고자 할 때 사용합니다. 앞의 예제를 수정해서 테스트해 보기 바랍니다.

멀티 컬럼 표시하기

column 관련 프로퍼티를 사용하면 웹 문서의 내용을 신문, 잡지처럼 2열이나 3열로
출력할 수 있습니다. 먼저 다음의 예를 봅시다.

▶ **css07-10**.html

```
<!doctype html>
<html lang="ko">
<head>
<meta charset="utf-8">
<title>멀티 컬럼 표시하기</title>
<style>
.magazine {
  -webkit-column-count: 3;
  -moz-column-count: 3;
  column-count: 3;

  -webkit-column-width: 100px;
  -moz-column-width: 100px;
  column-width: 100px;

  -webkit-column-gap: 40px;
  -moz-column-gap: 40px;
  column-gap: 30px;

  -webkit-column-rule-style: solid;
  -moz-column-rule-style: solid;
  column-rule-style: dotted;
```

```
    -webkit-column-rule-width: 1px;
    -moz-column-rule-width: 1px;
    column-rule-width: 1px;

    -webkit-column-rule-color: green;
    -moz-column-rule-color: green;
    column-rule-color: green;
}
h3 {
    -webkit-column-span: all;
    column-span: all;
}
</style>
</head>

<body>

<div class="magazine">
<h3>100세 건강 팁</h3>
"내가 먹는 것이 바로 나다"
서양의학의 아버지라고 불리는 그리스의 의학자 히포크라테스가 한 말이다.
"식약동원"
우리나라의 한의학에서는 약과 먹거리를 같은 것으로 간주한다.
그렇다면 나를 만드는 약이 바로 먹거리라는 얘기가 된다.
동서양이 예로부터 의견 일치를 본 진리다.
이제 현대 의학은 건강을 지켜 주는 수퍼 푸드를 제시하고 있는데 수퍼 푸
드라고 해서 귀하고 대단한 음식이 아니다.
</div>

</body>
</html>
```

▶ 실행 결과

멀티 컬럼 표시하기

100세 건강 팁

"내가 먹는 것이 바로 나다" 서양의학의 아버지라고 불리는 그리스의 의학자 히포크라테스가 한 말이다. "식약동원" 우리나라의 한의학에서는 약과 먹거리를 같은 것으로 간주한다. 그렇다면 나를 만드는 약이 바로 먹거리라는 얘기가 된다. 동서양이 예로부터 의견 일치를 본 진리다. 이제 현대 의학은 건강을 지켜주는 수퍼 푸드를 제시하고 있는데 수퍼 푸드라고 해서 귀하고 대단한 음식이 아니다.

여기서 사용된 프로퍼티의 기능은 다음과 같다.

• column-count : 열의 개수를 지정합니다.

• column-width : 열의 너비를 지정합니다.

• column-gap : 열 사이의 간격을 지정합니다.

• column-rule-style : 열을 구분하는 선의 종류를 지정합니다.

• column-rule-width : 열을 구분하는 선의 두께를 지정합니다.

• column-rule-color : 열을 구분하는 선의 색상을 지정합니다.

• column-span : 몇 개 열에 걸쳐 표시할 것인지를 지정합니다. 'all'이나 기본 값인 '1'을 지정할 수 있습니다.

참고하세요

앞의 코드를 보면 프로퍼티 앞에 '-webkit-'이나 '-moz-'가 추가된 프로퍼티들이 있습니다. 이 문자들을 vender prefix라고 합니다. vender prefix는 아직 표준으로 확정되지 않았거나 테스트 용도로 공급하는 경우에 브라우저 제작사에서 프로퍼티 앞에 붙이는 문자입니다. Chrome, Safari 등은 앞에 '-webkit-'이 추가되고 Firefox 는 앞에 '-moz-'가 추가됩니다. 나중에 이 기능들이 표준으로 확정되면 해당 브라우저에서도 vender prefix 가 붙은 구문은 무시되고 vender prefix가 없는 구문이 실행됩니다. 앞의 코드에서는 보이지 않지만 IE는 앞에 -ms-를 붙이며, opera는 -o-를 붙입니다.

요점 정리

- 모든 HTML 태그는 기본적으로 블록 레벨 요소(block-level element)이거나 인라인 요소(inline element) 중 하나입니다.
- 블록 레벨 요소는 특정 라인의 처음부터 끝까지 전체 너비를 다 차지합니다. 따라서 블록 레벨 요소들은 항상 새 라인에 그 내용을 표시합니다.
- 인라인 요소는 해당 내용이 실제로 필요로 하는 만큼만 너비를 차지하기 때문에 항상 새 라인에서 시작되지 않고 옆으로 계속 다른 내용이 표시될 수 있습니다.
- display: inline 프로퍼티를 지정하면 블록 레벨 요소를 인라인 요소로 변환하여 옆으로 여러 개를 나열할 수 있습니다.
- display: block 프로퍼티를 지정하면 인라인 요소를 블록 레벨 요소로 변환하여 수직으로 나열할 수 있습니다.
- display: inline-block 프로퍼티를 지정하면 여러 개의 박스들을 옆으로 나열할 수 있습니다.
- display: none 프로퍼티를 사용하면 내용을 숨기고 영역을 차지하지도 않습니다. 그러나 visibility: hidden 프로퍼티를 사용하면 내용은 숨기지만 영역은 빈 채로 표시됩니다.
- float: right나 float: left 프로퍼티를 사용하면 텍스트의 오른쪽이나 왼쪽에 이미지나 박스를 배치할 수 있습니다.
- 박스 내에 이미지를 넣을 때 이미지가 크면 박스 테두리를 넘어서 표시됩니다. 이 경우 overflow: auto 프로퍼티와 clear 프로퍼티를 사용해서 조절할 수 있습니다.
- position: relative 프로퍼티는 원래 해당 요소가 있어야 하는 위치를 기준으로 새로운 위치를 지정합니다.

- position: absolute 프로퍼티는 이전에 기술된 요소 중에서 가장 가까운 곳에 있으면서 position이 지정된 요소를 기준으로 새로운 위치를 지정합니다.
- 고정 위치는 position: fixed 프로퍼티를 사용하는데 이 프로퍼티는 단순히 보이는 화면의 왼쪽 상단을 기준으로 위치를 지정합니다.
- position: static 프로퍼티는 모든 위치 지정을 무효화합니다.
- column 관련 프로퍼티를 사용하면 다음과 같이 멀티 컬럼을 조절할 수 있습니다.
  - column-count : 열의 개수를 지정합니다.
  - column-width : 열의 너비를 지정합니다.
  - column-gap : 열 사이의 간격을 지정합니다.
  - column-rule-style : 열을 구분하는 선의 종류를 지정합니다.
  - column-rule-width : 열을 구분하는 선의 두께를 지정합니다.
  - column-rule-color : 열을 구분하는 선의 색상을 지정합니다.
  - column-span : 몇 개 열에 걸쳐 표시할 것인지를 지정합니다. 'all'이나 기본 값인 '1'을 지정할 수 있습니다.

Chapter

8

코딩 첫걸음 시리즈

Cascading

Style

Sheets

2D와 3D 변형

2D 변형 메소드
이동하기 / 회전하기 / 크기 조절하기 / 기울이기

3D 변형 메소드
X축으로 회전하기 / Y축으로 회전하기 / Z축으로 회전하기

2D 변형 메소드

tramsform 프로퍼티를 사용하면 요소를 이동시키거나 회전시키고, 기울이고, 확대축소시킬 수도 있습니다. 여기에서는 transform 프로퍼티를 이용한 2D 변형에 대해서 알아보기로 하겠습니다.

이동하기

2D 변형(transform) 기능의 하나인 translate( ) 메소드를 사용하면 X축과 Y축을 기준으로 현재의 위치를 이동할 수 있습니다. 'css08-1.html' 문서를 실행하여 요소의 이동에 대해 알아보겠습니다.

▶ **css08-1.html**

```
<!doctype html>
<html lang="ko">
<head>
<meta charset="utf-8">
<title>이동하기</title>
<style>
.original {
  width: 100px;
  height: 100px;
  background-color: lightyellow;
  border: 1px solid grey;
```

```
}
.translate {
  width: 100px;
  height: 100px;
  background-color: #B40404;
  border: 1px solid grey;
  -ms-transform: translate(20px,30px);
  -webkit-transform: translate(20px,30px);
  transform: translate(20px,30px);
}
</style>

</head>
<body>

<div class="original">
<div class="translate"></div>
</div>

</body>
</html>
```

▶ 실행 결과

참고하세요

여기서 사용한 '메소드(Method)'라는 용어는 프로퍼티와 마찬가지로 디자인 기능을 제공하는 명령문이라고 생각하면 됩니다. 뒤에 괄호를 기술하고 괄호 안에 인수 값을 기술하는 것이 프로퍼티와 다를 뿐, 디자인 기능을 제공하는 CSS 명령문의 또 다른 형식이라고 생각하면 좋습니다.

박스의 원래 위치는 노란색 박스인데 translate( ) 메소드에 X축과 Y축의 좌표 값을 지정해 빨간색 박스 위치로 이동했습니다. 앞의 소스 코드에서 이동과 관련된 CSS 의 프로퍼티와 메소드는 transform: translate(20px,30px);이지만 브라우저에 따라서 CSS가 적용되지 않을 수 있으므로 −ms−transform: translate(20px,30px);와 −webkit−transform: translate(20px,30px);을 추가로 사용하였습니다. 이후에 설명하는 대부분의 소스 코드에도 모두 적용됩니다.

회전하기

2D 변형(transform) 기능의 하나인 rotate( ) 메소드를 사용하면 각도 값을 지정하여 요소를 회전시킬 수 있습니다. 다음 예를 봅시다.

▶ **css08-2.html**

```
<!doctype html>
<html lang="ko">
<head>
<meta charset="utf-8">
<title>회전하기</title>

<style>
.original {
  width: 100px;
  height: 100px;
  background-color: lightyellow;
  border: 1px solid grey;
  margin: 20px;
}
```

```
.rotate {
  width: 100px;
  height: 100px;
  background-color: #B40404;
  border: 1px solid grey;
  -ms-transform: rotate(60deg);
  -webkit-transform: rotate(60deg);
  transform: rotate(60deg);
}
</style>
</head>

<body>

<div class="original">
<div class="rotate"></div>
</div>

</body>
</html>
```

▶ 실행 결과

rotate( ) 메소드에 deg 단위로 회전 각도를 기술합니다. 양수로 각도를 기술하면 시계방향으로 회전하며, 음수로 각도를 기술하면 반시계 방향으로 회전합니다.

 크기 조절하기

2D 변형(transform) 기능의 하나인 scale( ) 메소드를 사용하면 가로, 세로의 배수 값을 지정하여 요소의 크기를 조절할 수 있습니다. 다음 예를 봅시다.

▶ css08-3.html

```
<!doctype html>
<html lang="ko">
<head>
<meta charset="utf-8">
<title>크기 조절하기</title>

<style>
.original {
  width: 100px;
  height: 100px;
  background-color: lightyellow;
  border: 1px solid grey;
}

.scale {
  width: 100px;
  height: 100px;
  background-color: #B40404;
  border: 1px solid grey;
```

```
    -ms-transform: scale(0.5,0.5);
    -webkit-transform: scale(0.5,0.5);
    transform: scale(0.5,0.5);
}
</style>

</head>
<body>

<div class="original">
<div class="scale"></div>
</div>

</body>
</html>
```

▶ 실행 결과

크기 조절하기

scale( ) 메소드에 (가로 배수값, 세로 배수값)을 지정합니다. 앞의 예와 같이 1보다
작은 값을 지정하면 원본보다 작아지고, 1보다 큰 값을 지정하면 원본보다 커집니다.

기울이기

2D 변형(transform) 기능의 하나인 skew( ) 메소드를 사용하면 X축이나 Y축을 중심으로 요소를 기울일 수 있습니다. 다음 예를 봅시다.

▶ css08-4.html

```
<!doctype html>
<html lang="ko">
<head>
<meta charset="utf-8">
<title>기울이기</title>

<style>
.original {
  width: 100px;
  height: 100px;
  background-color: lightyellow;
  border: 1px solid grey;
  margin:40px;
}

.skewX {
  width: 100px;
  height: 100px;
  background-color: lightyellow;
  border: 1px solid grey;
  margin:40px;
  -ms-transform: skewX(30deg);
  -webkit-transform: skewX(30deg);
  transform: skewX(30deg);
}
```

```
</style>
</head>
<body>

<div class="original"></div>
<div class="skewX"></div>
<div class="skewY"></div>
</body>
</html>
```

▶ 실행 결과

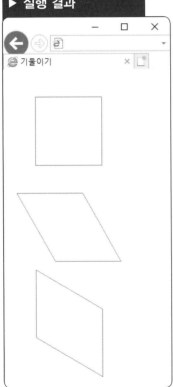

skewX( ) 메소드는 X축을 중심으로 deg 단위로 기울기를 지정하며, skewY( ) 메소드는 Y축을 중심으로 deg 단위로 기울기를 지정합니다.
'css08-5.html'과 같이 skew( ) 메소드를 사용하면 X축과 Y축을 동시에 지정할 수 있습니다.

▶ css08-5.html

```
-ms-transform: skew(30deg,20deg);
-webkit-transform: skew(30deg,20deg);
transform: skew(30deg,20deg);
```

▶ 실행 결과

3D 변형 메소드

지금까지 2D 변형과 관련된 메소드로 요소의 박스를 이동하거나 회전, 크기 조절, 기울기 등을 지정하는 방법에 대해 알아보았습니다. 3D 변형의 경우에는 가로 방향의 X축, 세로 방향의 Y축 그리고 높이의 Z축의 변형 3가지가 있습니다.

X축으로 회전하기

3D 변형(transform) 기능의 하나인 rotateX( ) 메소드를 사용하면 X축을 중심으로 회전할 수 있습니다.

▶ **css08-6.html**

```
<!doctype html>
<html lang="ko">
<head>
<meta charset="utf-8">
<title>X축으로 회전하기</title>

<style>
.rotateX{
  -webkit-transform: rotateX(80deg);
  transform: rotateX(80deg);
}
</style>
</head>
```

```
<body>

<div><img src="girl.png"></div>

<div class="rotateX"><img src="girl.png"></div>

</body>

</html>
```

▶ 실행 결과

rotateX( ) 메소드에 deg 단위로 X축 중심의 회전 각도를 지정합니다. 그러면 위와 같이 이미지가 회전하여 출력됩니다.

Y축으로 회전하기

3D 변형(transform) 기능의 하나인 rotateY( ) 메소드를 사용하면 Y축을 중심으로 회전할 수 있습니다. 다음 예를 봅시다.

▶ css08-7.html

```
<!doctype html>

<html lang="ko">
```

```
<head>
<meta charset="utf-8">
<title>Y축으로 회전하기</title>
<style>
  .rotateY{
  -webkit-transform: rotateY(80deg);
  transform: rotateY(80deg);
}
</style>
</head>
<body>
<div><img src="girl.png"></div>
<div class="rotateY"><img src="girl.png"></div>
</body>
</html>
```

▶ 실행 결과

rotateY( ) 메소드에 deg 단위로 Y축 중심의 회전 각도를 지정합니다. 그러면 이와
같이 이미지가 회전하여 출력됩니다.

Z축으로 회전하기

3D 변형(transform) 기능의 하나인 rotateZ( ) 메소드를 사용하면 Z축을 중심으로
회전할 수 있습니다. 다음 예를 봅시다.

▶ **css08-8.html**

```html
<!doctype html>
<html lang="ko">
<head>
<meta charset="utf-8">
<title>Z축으로 회전하기</title>

<style>
.rotateZ{
    -webkit-transform: rotateZ(180deg);
    transform: rotateZ(180deg);
}
</style>

</head>
<body>

<div><img src="girl.png"></div>
<div class="rotateZ"><img src="girl.png"></div>

</body>
</html>
```

rotateZ( ) 메소드에 deg 단위로 Z축 중심의 회전 각도를 지정합니다. 그러면 위와 같이 이미지가 회전하여 출력됩니다.

요점 정리

- translate( ) 메소드를 사용하면 X축과 Y축을 기준으로 현재의 위치를 이동할 수 있습니다.
- rotate( ) 메소드를 사용하면 각도 값을 지정하여 요소를 회전시킬 수 있습니다.
- 메소드(Method)는 프로퍼티와 마찬가지로 디자인 기능을 제공하는 명령문입니다. 뒤에 괄호를 기술하고 괄호 안에 인수 값을 기술하는 것이 프로퍼티와 다를 뿐, 디자인 기능을 제공하는 CSS 명령문의 또 다른 형식입니다.

- rotate( ) 메소드를 사용하면 각도 값을 지정하여 요소를 회전시킬 수 있습니다. rotate( ) 메소드에 deg 단위로 회전 각도를 기술합니다. 양수로 각도를 기술하면 시계 방향으로 회전하며, 음수로 각도를 기술하면 반시계 방향으로 회전합니다.

- scale( ) 메소드를 사용하면 가로, 세로의 배수 값을 지정하여 요소의 크기를 조절할 수 있습니다. scale( ) 메소드에 (가로 배수값, 세로 배수값)을 지정합니다. 1보다 작은 값을 지정하면 원본보다 작아지고, 1보다 큰 값을 지정하면 원본보다 커집니다.

- skewX( ) 메소드는 X축을 중심으로 deg 단위로 기울기를 지정하며, skewY( ) 메소드는 Y축을 중심으로 deg 단위로 기울기를 지정합니다.

- skew( ) 메소드를 사용하면 X축과 Y축을 동시에 지정할 수 있습니다.

- rotateX( ) 메소드를 사용하면 X축을 중심으로 회전할 수 있습니다. rotateX( ) 메소드에 deg 단위로 X축 중심의 회전 각도를 지정합니다.

- rotateY( ) 메소드를 사용하면 Y축을 중심으로 회전할 수 있습니다. rotateY( ) 메소드에 deg 단위로 Y축 중심의 회전 각도를 지정합니다.

- rotateZ( ) 메소드를 사용하면 Z축을 중심으로 회전할 수 있습니다. rotateZ( ) 메소드에 deg 단위로 Z축 중심의 회전 각도를 지정합니다.

Chapter

9

코딩 첫걸음 시리즈

Cascading

Style

Sheets

변환과 애니메이션

변환을 사용한 속도 조절과 지연 시간 지정

우리말로 '변환'이라고 표현한 transition은 사용자가 특정 요소에 마우스를 올렸을 때 일정한 시간 동안 CSS 프로퍼티의 값을 점진적으로 변화시켜 스타일 효과를 만들어 내는 것을 말합니다.

변환을 위해서는 transition 프로퍼티에 변환할 내용과 시간을 값으로 지정합니다. 가장 기본적인 변환을 사용하는 예로 'css09-1.html' 문서를 실행하여 변환에 대해서 자세히 알아보겠습니다

▶ **css09-1.html**

```
<!DOCTYPE html>
<html lang="ko">
<head>
<meta charset="utf-8">
<title>기본적인 변환 사용하기</title>

<style>
.sample1 {
  width: 100px;
  height: 100px;
  background: yellow;

  -webkit-transition: width 4s;
  transition: width 4s;
}
```

```css
.sample1:hover {
  width: 400px;
}

.sample2 {
  width: 100px;
  height: 100px;
  background: green;

  -webkit-transition: width 8s, height 8s;
  transition: width 8s, height 8s;
}

.sample2:hover {
  width: 200px;
  height: 200px;
}
</style>

</head>
<body>

<p>박스에 마우스를 올리면 4초 동안 너비가 4배 늘어납니다.</p>
<div class="sample1"></div>

<p>박스에 마우스를 올리면 8초 동안 너비와 높이가 2배 늘어납니다.</p>
<div class="sample2"></div>

</body>
</html>
```

노란 박스를 위한 sample1 클래스에서는 transition: width 4s 프로퍼티를 지정했습니다. 변환할 대상은 너비(width)이며, 변환 시간은 4초(4s)라는 의미입니다. 변환할 값은 sample1.hover 클래스에서 지정합니다.

녹색 박스를 위한 sample2 클래스에서는 변환할 대상으로 너비(width)와 높이(height)를 지정했으며, 변환 시간은 각각 8초(8s)를 지정했습니다. 변환할 값은 sample2.hover 클래스에서 지정합니다.

변환 속도 조절하기

transition-timing-function 프로퍼티를 사용하면 지정한 변환 시간 내에서 효과가 발생하는 속도를 조절할 수 있습니다. 예를 들어, 변환이 빠르게 시작되다가 중간에 느려졌다가 다시 빨라지는 등 다양하게 조절을 할 수 있습니다.

다음 예는 변환이 초반에는 느리게 시작되고 후반에는 정상적인 속도 진행됩니다.

▶ css09-2.html

```
<!DOCTYPE html>
<html lang="ko">
<head>
<meta charset="utf-8">
<title>변환 속도 조절하기</title>

<style>
```

```
.sample {
  width: 100px;
  height: 100px;
  background: yellow;

  -webkit-transition: width 4s;
  transition: width 4s;
  -webkit-transition-timing-function: ease-in;
  transition-timing-function: ease-in;
}
.sample:hover {
  width: 400px;
}
</style>

</head>
<body>

<p>박스에 마우스를 올리세요.</p>
<div class="sample">ease-in</div><br>

</body>
</html>
```

▶ 실행 결과

박스에 마우스를 올리세요.

ease-in

transition 프로퍼티로 변환 대상과 시간을 지정한 후, transition-timing-function 프로퍼티로 변환 시간을 조절했습니다. transition-timing-function 프로퍼티의 값을 'ease-in'으로 지정하면 시작은 늦고 이후에는 정상적인 속도로 변환이 진행됩니다. transition-timing-function 프로퍼티에 지정할 수 있는 값은 다음과 같습니다.

- ease : 느리게 시작, 빠르게 진행, 느리게 끝냄(기본 값)
- linear : 처음부터 끝까지 동일한 속도로 진행
- ease-in : 느리게 시작, 이후 정상 속도로 진행
- ease-out : 정상 속도로 진행, 느리게 끝냄
- ease-in-out : 느리게 시작, 정상 속도로 진행, 느리게 끝냄

 변환 지연 지정하기

transition-delay 프로퍼티를 사용하면 변환 시간을 임의로 지연시킬 수 있습니다. 다음 예를 봅시다.

▶ css09-3.html

```
<!DOCTYPE html>
<html lang="ko">
<head>
<meta charset="utf-8">
<title>변환 지연 지정하기</title>

<style>
.sample {
  width:  100px;
  height: 100px;
  background: yellow;
```

```
    -webkit-transition: width 4s;
    transition: width 4s;

    -webkit-transition-timing-function: ease-in;
    transition-timing-function: ease-in;

    -webkit-transition-delay: 2s;
    transition-delay: 2s;
}
.sample:hover {
    width: 400px;
}
</style>

</head>
<body>

<p>박스에 마우스를 올리세요.</p>
<div class="sample">2초 지연</div><br>

</body>
</html>
```

▶ 실행 결과

transition 프로퍼티로 변환 대상은 너비(width), 변환 시간은 4초(4s)를 지정했고, transition-timing-function 프로퍼티로 시간 조절 값인 ease-in을 지정했습니다. 그리고 transition-delay: 2s를 추가했기 때문에 마우스를 올리고 2초가 지난 후에 변환이 시작됩니다.

변환과 변형 함께 지정하기

8장에서 배운 변형(transform)과 이 장에서 배우는 변환(transition)을 하나의 요소에 동시에 지정해서 다양한 효과를 만들 수 있습니다. 다음의 'css09-4.html' 문서를 실행해서 예를 들어 봅시다.

▶ css09-4.html

```
<!DOCTYPE html>
<html lang="ko">
<head>
<meta charset="utf-8">
<title>변환과 변형 함께 지정하기</title>

<style>
.sample1 {
  width: 100px;
  height: 100px;
  background: yellow;

  -webkit-transition: width 2s, height 4s, -webkit-transform 6s;
  transition: width 2s, height 4s, transform 6s;
}

.sample1:hover {
  width: 200px;
  height: 200px;
  -webkit-transform: rotate(180deg);
```

```
  transform: rotate(180deg);
}

.sample2 {
  width: 100px;
  height: 100px;
  background: green;
  -webkit-transition: width 2s, height 4s, -webkit-transform 6s;
  transition: width 2s, height 4s, transform 6s;
}

.sample2:hover {
  width: 200px;
  height: 200px;

  -webkit-transform: skewX(20deg);
  transform: skewX(20deg);
}

</style>
</head>
<body>

<p>transition과 transform: rotate </p>
<div class="sample1"></div>

<p>transition과 transform: skewX</p>
<div class="sample2"></div>

</body>
</html>
```

sample1 클래스나 sample2 클래스 모두 transition 프로퍼티에 너비(width 2s)와 높이(height 2s) 이외에 변형(transform 6s)을 지정하고, 변형(transform)의 종류는 sample1.hover와 samle2.hover 클래스에서 transform 프로퍼티로 지정했습니다.

애니메이션 사용과 시간 구간 지정하기

CSS에서 변환은 요소에 마우스를 올려야 변환 효과가 진행됩니다. 그러나 애니메이션은 마우스를 요소에 올리지 않아도 웹 문서가 표시되면 자동으로 실행됩니다. 여기에서는 애니메이션을 사용하는 방법과 애니메이션이 되는 시간을 지정하고 구간을 나눠보겠습니다.

기본적인 애니메이션 사용하기

애니메이션은 animation 프로퍼티로 시간이나 횟수 등의 정보를 지정하며, 애니메이션의 내용은 @keyframes에 기술해야 합니다. 애니메이션의 기본 틀을 보여주는 다음 예를 봅시다.

▶ **css09-5.html**

```
<!DOCTYPE html>
<html lang="ko">
<head>
<meta charset="utf-8">
<title>기본적인 애니메이션 사용하기</title>

<style>
.sample {
  width: 100px;
  height: 100px;
```

```
        background-color: green;

        -webkit-animation-name: example;
        animation-name: example;
        -webkit-animation-duration: 8s;
        animation-duration: 8s;
    }

    @-webkit-keyframes example {
        from {background-color: green;
            margin-left: 0px;}
        to {background-color: yellow;
            margin-left: 200px;}
    }

    @keyframes example {
        from {background-color: green;
            margin-left: 0px;}
        to {background-color: yellow;
            margin-left: 200px;}
    }

    </style>

    </head>
    <body>

    <p>녹색이 8초에 걸쳐 노란색으로 바뀌며 이동합니다</p>
    <div class="sample"></div>
    <p>애니메이션이 끝나면 녹색으로 표시됩니다</p>

    </body>
    </html>
```

sample 클래스에는 요소의 기본 스타일을 기술하고 @keyframes에 애니메이션 이름과 효과 코드를 기술하며, 시작 코드는 'from', 마침 코드는 'to'에 기술합니다. 'from'과 'to'는 %로 지정할 수도 있으며 이에 대해서는 잠시 후 살펴볼 것입니다.

@keyframes에 기술된 애니메이션 효과 코드는 animation-name 프로퍼티와 animation-duration 프로퍼티에 의해 요소와 연결됩니다. animation-name 프로퍼티에는 @keyframes에 정의되어 있는 애니메이션의 이름을 지정하고, animation-duration 프로퍼티에는 애니메이션 진행 시간을 지정합니다.

애니메이션 시간 구간 지정하기

애니메이션은 animation-duration 프로퍼티에 의해 일정한 실행 시간이 주어집니다. 그 시간 내에 스타일 변화가 많이 발생할 수록 역동적인 애니메이션이 되기 때문에 실행 시간을 '%'로 구분하여 여러 구간으로 나눌 수 있습니다.

다음 예를 봅시다.

```html
<!DOCTYPE html>
<html lang="ko">
<head>
<meta charset="utf-8">
<title>애니메이션 시간 구간 지정하기</title>

<style>
.sample {
  width: 100px;
  height: 100px;
  background-color: green;
  border-style: solid;
  border-radius: 0px;
  border-width:  1px;
  border-color: black;
  margin-left: 0px;

  -webkit-animation-name: example;
  animation-name: example;

  -webkit-animation-duration: 8s;
  animation-duration: 8s;
}

@-webkit-keyframes example {
  0%   {background-color: green;
        border-radius: 0px;
        border-width:  2px;}
  25% {background-color: blue;
        border-radius: 20px;
```

```
            border-width:   4px;}
  50% {background-color: red;
            border-radius: 40px;
            border-width:   6px;}
  100%{background-color: yellow;
            border-radius: 60px;
            border-width:   8px;}
}

@keyframes example {
  0%  {background-color: green;
            border-radius: 0px;
            border-width:   2px;}
  25% {background-color: blue;
            border-radius: 20px;
            border-width:   4px;}
  50% {background-color: red;
            border-radius: 40px;
            border-width:   6px;}
  100%{background-color: yellow;
            border-radius: 60px;
            border-width:   8px;}
}

</style>
</head>
<body>
<p>8초동안 애니메이션이 실행됩니다.</p>
<div class="sample"></div>
<p>실행이 끝나면 초기 상태로 표시됩니다.</p>
```

```
</body>
</html>
```

▶ 실행 결과

8초동안 애니메이션이 실행됩니다.

실행이 끝나면 초기 상태로 표시됩니다.

@keyframes에 애니메이션 효과 코드를 기술하면서 '%'로 4개의 시간 구간을 나누
었습니다.

따라서 animation-duration 프로퍼티에 지정된 대로 총 8초(8s) 동안 애니메이션이
실행되면서 각 시간 비율에 따라 다른 스타일 효과가 적용되면서 애니메이션이 출력
됩니다.

애니메이션 지연과 반복 실행하기

animation-delay 프로퍼티를 사용하면 애니메이션 시간을 지연시킬 수 있으며, animation-iteration-count 프로퍼티를 사용하면 애니메이션을 반복 실행시킬 수 있습니다. 다음 예를 봅시다.

▶ css09-7.html

```
<!DOCTYPE html>
<html lang="ko">
<head>
<meta charset="utf-8">
<title>애니메이션 지연과 반복 실행하기</title>

<style>
.sample {
  width: 100px;
  height: 100px;
  background-color: green;
  border-radius: 60px;
  position: relative;

  -webkit-animation-name: example;
  animation-name: example;

  -webkit-animation-duration: 8s;
  animation-duration: 8s;
```

```css
    -webkit-animation-delay: 2s;
    animation-delay: 2s;

    -webkit-animation-iteration-count: 2;
    animation-iteration-count: 2;
}

@-webkit-keyframes example {
  0%   {background-color:green;
        left: 0px; top: 0px;}
  25% {background-color: gold;
        left: 200px; top: 0px;}
  50% {background-color: red;
        left: 0px; top: 0px;}
  75% {background-color:yellow;
        left: 0px; top: 200px;}
  100%{background-color:green;
        left: 0px; top: 0px;}
}

@keyframes example {
  0%   {background-color:green;
        left: 0px; top: 0px;}
  25% {background-color: gold;
        left: 200px; top: 0px;}
  50% {background-color: red;
        left: 0px; top: 0px;}
  75% {background-color:yellow;
        left: 0px; top: 200px;}
  100%{background-color:green;
```

```
left: 0px; top: 0px;}
}
</style>
</head>
<body>
<p>2초 지연 2회 실행</p>
<div class="sample"></div>
</body>
</html>
```

▶ 실행 결과

이 애니메이션은 8초 동안 색도 변하고 위치도 이동합니다. 위치 이동을 위해 position: relative를 지정했으며 애니메이션 시간 구간을 5개로 나누었습니다. animation-delay 프로퍼티에 의해 웹 문서가 표시되고 나서 2초 후에 애니메이션이 실행됩니다. 또한 animation-iteration-count 프로퍼티에 의해 애니메이션이 2번 반복 실행됩니다.

만약 animation-iteration-count 프로퍼티의 값을 'infinite'로 지정하면 무한 반복 실행됩니다.

역순 또는 번갈아 가면서
애니메이션 실행하기

animation-direction 프로퍼티를 사용하면 애니메이션을 역순으로 실행시키거나, 번 갈아 실행시킬 수 있습니다. 'css09-7.html' 문서는 원을 오른쪽으로 이동한 후 아래쪽 으로 이동하는 애니메이션을 2번 실행합니다. 이번에는 'css09-8.html' 문서를 봅시다. 이 문서는 'css09-7.html' 문서의 sample 클래스에 다음과 같이 animation-direction: reverse라는 프로퍼티만 하나 더 추가하였습니다.

▶ **css09-8**.html

중략

```
.sample {
  width: 100px;
  height: 100px;
  background-color: green;
  order-radius:60px;
  position: relative;

  -webkit-animation-name: example;
  animation-name: example;

  -webkit-animation-duration: 8s;
  animation-duration: 8s;

  -webkit-animation-delay: 2s;

  animation-delay: 2s;
```

```
    -webkit-animation-iteration-count: 2;
    animation-iteration-count: 2;

    -webkit-animation-direction: reverse;
    animation-direction: reverse;
}
```

중략

이 문서를 실행시키면 원이 아래쪽으로 이동한 후 오른쪽으로 이동하는 애니메이션을 2번 실행합니다. 'css09-7.html'과 달리에 비해 역순으로(reverse) 실행되는 것입니다.

animation-direction 프로퍼티에는 다음과 같은 값을 지정할 수 있습니다.

• normal : 정상적인 순서로 실행
• reverse : 역순으로 실행
• alternate : 번갈아 실행
• alternate-reverse : 번갈아 역순으로 실행

애니메이션 속도 조절하기

변환(transition)과 마찬가지로 애니메이션도 다음과 같은 animation-timing-function 프로퍼티 값을 지정하여 애니메이션 진행 속도를 조절할 수 있습니다.

- ease : 느리게 시작, 빠르게 진행, 느리게 끝냄(기본 값)
- linear : 처음부터 끝까지 동일한 속도로 진행
- ease-in : 느리게 시작, 이후 정상 속도로 진행
- ease-out : 정상 속도로 진행, 느리게 끝냄
- ease-in-out : 느리게 시작, 정상 속도로 진행, 느리게 끝냄

다음 예를 봅시다.

▶ **css09-9.html**

```
<!DOCTYPE html>
<html lang="ko">
<head>
<meta charset="utf-8">
<title>애니메이션 속도 조절하기</title>

<style>
.sample {
  width: 100px;
  height: 100px;
  background-color: green;

  -webkit-animation-name: example;
  animation-name: example;
```

```
  -webkit-animation-duration: 8s;
  animation-duration: 8s;

  -webkit-animation-time-function: ease-out;
  animation-time-function: ease-out;
}

@-webkit-keyframes example {
  from  {background-color: green;
        margin-left: 0px;}
  to    {background-color: yellow;
  margin-left: 200px;}
}

@keyframes example {
  from  {background-color: green;
        margin-left: 0px;}
  to    {background-color: yellow;
        margin-left: 200px;}
}

</style>

</head>
<body>

<p>녹색이 8초동안 노란색으로 바뀌며 이동합니다</p>
<div class="sample">ease-out</div>
<p>애니메이션이 끝나면 녹색으로 표시됩니다</p>

</body>
</html>
```

▶ 실행 결과

애니메이션 속도 조절하기   ✕

녹색이 8초동안 노란색으로 바뀌며 이동합니다

ease-out

애니메이션이 끝나면 녹색으로 표시됩니다

요점 정리

- transition은 사용자가 특정 요소에 마우스를 올렸을 때 일정한 시간 동안 CSS 프로퍼티의 값을 점진적으로 변화시켜 효과를 만들어내는 것을 말합니다.
- 변환을 위해서는 transition 프로퍼티에 변환할 내용과 시간을 값으로 지정합니다.
- transition-timing-function 프로퍼티를 사용하면 지정한 변환 시간 내에서 효과가 발생하는 속도를 조절할 수 있습니다.
- transition-delay 프로퍼티를 사용하면 변환 시간을 임의로 지연시킬 수 있습니다.
- transform과 transition을 하나의 요소에 동시에 지정해서 다양한 효과를 만들 수 있습니다.

- 애니메이션은 마우스를 요소에 올리지 않아도 웹 문서가 표시되면 자동으로 실행됩니다.
- 애니메이션은 animation 프로퍼티로 시간이나 횟수 등의 정보를 지정하며, 애니메이션의 내용은 @keyframes에 기술해야 합니다.
- @keyframes에 애니메이션 이름과 효과 코드를 기술하며, 시작 코드는 'from', 마침 코드는 'to'에 기술합니다.
- @keyframes에 기술된 애니메이션 효과 코드는 animation-name 프로퍼티와 animation-duration 프로퍼티에 의해 요소와 연결됩니다.
- animation-name 프로퍼티에는 @keyframes에 정의되어 있는 애니메이션의 이름을 지정하고, animation-duration 프로퍼티에는 애니메이션 진행 시간을 지정합니다.
- animation-duration 프로퍼티에 의해 일정한 실행 시간이 주어집니다. 그 시간 내에 스타일 변화가 많이 발생할수록 역동적인 애니메이션이 되기 때문에 실행 시간을 '%'로 구분하여 여러 구간으로 나눌 수 있습니다.
- animation-delay 프로퍼티를 사용하면 애니메이션 시간을 지연시킬 수 있으며, animation-iteration-count 프로퍼티를 사용하면 애니메이션을 반복 실행시킬 수 있습니다.
- animation-direction 프로퍼티를 사용하면 애니메이션을 역순으로 실행시키거나, 번갈아 실행시킬 수 있습니다.
- transition과 마찬가지로 animation-timing-function 프로퍼티 값을 지정하여 애니메이션 진행 속도를 조절할 수 있습니다.

Chapter

10

코딩 첫걸음 시리즈

Cascading Style Sheets

반응형 웹 디자인

뷰포트 설정하기

미디어 쿼리로 배경색 조절하기

미디어 쿼리로 orientation 구분하기

미디어 쿼리로 배치 조절하기

뷰포트 설정하기

과거에는 데스크탑만을 대상으로 웹 문서를 디자인했습니다. 그러나 스마트폰과 태블릿의 등장으로 웹 문서를 제작할 때 고려할 점들이 많아졌습니다. 스마트폰이나 태블릿은 이전보다 작지만 화면 크기가 다양하고 동일한 기기에서도 가로로 길게 (Landscape 방식) 보기도 하고, 세로로 길게(Portrait 방식) 보기도 합니다. 어디에 기준을 두고 웹 문서를 디자인해야 해야 할까요?

웹 문서를 만들 때 여러 가지 상황에 대처할 수 있도록 디자인하는 기법을 반응형 웹 디자인이라고 합니다. 반응형 웹 디자인을 위해 제일 먼저 알아야 할 것이 뷰포트 (Viewport)의 설정이며, 이 작업은 〈meta〉 태그를 사용하면 됩니다. 먼저 예제부터 봅시다. 'css10-1.html'은 뷰포트 설정을 하지 않은 문서이고, 'css10-2.html'은 〈meta〉 태그로 뷰포트 설정을 한 문서입니다. 이 문서들을 스마트폰에서 살펴봅시다.

▶ **css10-1**.html

```
<!doctype html>
<html>
<head>
</head>
<body>
<h2>인류의 진화</h2>
<p>사람 또는 호모 사피엔스(라틴어: Homo sapiens)는
두 발로 서서 걸어 다니는 사람과의 영장류 동물이다.
지구상의 사람을 통틀어 인류(   )라고도 한다.
사람은 추상적인 사유, 언어 사용, 자기반성, 문제 해결을 할 수 있고,
```

```
감정을 느낄 수 있는 고도로 발달한 두뇌를 지니고 있다.
이로써 인간은 개인이 자신을 통합적으로 인식하는 주체가 된다.</p>
</body>
</html>
```

▶ **실행 결과**

▶ **css10-2.html**

```
<!doctype html>
<html>
<head>
<meta name="viewport" content="width=device-width, initial-scale=1.0"/>
</head>
<body>
<h2>인류의 진화</h2>
<p>사람 또는 호모 사피엔스(라틴어: Homo sapiens)는
두 발로 서서 걸어 다니는 사람과의 영장류 동물이다.
지구상의 사람을 통틀어 인류(   )라고도 한다.
사람은 추상적인 사유, 언어 사용, 자기반성, 문제 해결을 할 수 있고,
감정을 느낄 수 있는 고도로 발달한 두뇌를 지니고 있다.
```

```
이로써 인간은 개인이 자신을 통합적으로 인식하는 주체가 된다.</p>
</body>
</html>
```

▶ 실행 결과

css10-1.html에는 〈head〉~〈/head〉 사이에 아무 것도 기술되지 않았고, css10-2.html에는 〈meta〉 태그가 기술되어 있습니다. css10-1.html처럼 〈meta〉 태그가 없으면 스마트폰에서는 문서가 아주 작게 표시됩니다.

viewport는 문서의 내용이 표시되는 영역입니다. 모바일 기기에서 사용되는 브라우저는 문서의 기본 너비가 980px입니다. 스마트폰의 기기마다 화면의 크기가 다릅니다. 그래서 모바일 기기의 브라우저에게 기본 너비 값인 980px로 표시하지 말고 현재 표시하는 모바일 기기의 너비에 맞춰서 너비를 조절하라는 명령이 〈meta〉 태그의 의미입니다.

```
<meta name="viewport" content="width=device-width, initial-scale=1.0"/>
```

'width=device-width'는 문서의 너비를 현재 문서가 표시되는 모바일 기기의 너비에 맞추라는 의미이며, 이렇게 하면 어떤 모바일 기기든 화면에 맞춰 표시됩니다.

'initial-scale=1.0'은 문서가 처음 표시될 때의 확대 비율을 지정하는 것으로 1.0은 확대도 축소도 하지 않은 것입니다.

미디어 쿼리로 배경색 조절하기

반응형 웹 디자인에서 또 하나의 중요한 기능이 미디어 쿼리(media query)입니다. 미디어 쿼리는 문서가 표시되는 기기(미디어)의 조건에 따라 문서가 달리 표시되도록 하는 기능입니다. 다음의 예를 봅시다.

▶ css10-3.html

```
<!DOCTYPE html>
<html lang="ko">
<head>
<meta charset="utf-8">
<meta name="viewport" content="width=device-width, initial-scale=1.0"/>
<title>미디어 쿼리로 배경색 조절하기</title>

<style>
body {
  background-color:gold;
}

@media screen and (max-width: 400px) {
  body {
    background-color:lightyellow;
  }
}
</style>
```

```
</head>
<body>
<h2>미디어 쿼리</h2>
<p>이 문서는 @media 규칙을 사용하고 있습니다.</p>
<p>처음 문서가 표시될 때는 배경색이 "gold"로 표시됩니다.</p>
<p>브라우저의 크기를 줄여보세요.</p>
<p>표시되는 너비가 400px 이하가 되면 배경색이 "lightyellow"로 변합니
다.</p>
</body>
</html>
```

▶ 실행 결과

이 소스 코드에는 〈body〉의 background-color가 2번 지정되어 있습니다.
기본은 'gold'이고, @media 규칙에 지정된 미디어 조건인 'max-width: 400px'에
맞으면 'lightyellow'로 변합니다.

'max-width: 400px'는 너비가 최대 400px이 될 때까지는 배경색을 'lightyellow'로
표시하고, 그 이상이 되면 'gold'로 표시합니다.

@media 규칙은 다음과 같이 기술합니다.

```
@media [not|only] mediatype and (expressions) {
          ❶           ❷      ❸       ❹
    CSS 코드;

}
```

❶ mediatype 앞에 'not'이나 'only'를 추가해서 특정 기기를 제외하거나 특정 기기
   에만 적용되도록 할 수 있습니다.

❷ mediatype에는 다음과 같이 기술할 수 있습니다.

　• all : 모든 기기에 적용

　• print : 프린터에 적용

　• screen : 일반 모니터나 태블릿, 스마트폰에 적용

　• speech : 웹 문서를 읽어주는 스크린 리더에 적용

❸ and로 연결해서 여러 개의 조건(쿼리)을 기술할 수 있습니다.

❹ (expressions)에는 자주 사용하는 max-width, min-width, orientation 외에 30여
   개의 프로퍼티와 값을 지정할 수 있습니다.

미디어 쿼리로 orientation 구분하기

미디어 쿼리를 사용하면 스마트폰의 orientation에 따라 스타일에 변화를 줄 수 있습니다. 다음의 예는 landscape 모드일 때 배경색을 'lightyellow'로 표시하고, portrait 모드일 때 배경색을 'gold'로 표시합니다. 스마트폰에서 실행시켜 봅시다.

▶ **css10-4.html**

```html
<!doctype html>
<html>
<head>
<meta name="viewport" content="width=device-width, initial-scale=1.0">
<style>

body {
  background-color: gold;
}

@media screen and (orientation: landscape) {
  body {
    background-color: lightyellow;
  }
}

</style>

</head>
<body>
```

```
<h2>미디어 쿼리</h2>
<p>이 문서는 @media 규칙을 사용하고 있습니다.</p>
<p>스마트폰을 세워서(Portrait) 보면 배경색이 "gold"로 표시됩니다.</p>
<p>스마트폰을 뉘여서(Lanscape) 보면 배경색이 "lightyellow"로 변합니
다.</p>
</body>
</html>
```

▶ 실행 결과

미디어 쿼리

이 문서는 @media 규칙을 사용하고 있습니다.

스마트폰을 세워서(Portrait) 보면 배경색이 "gold"로 표시됩니다.

스마트폰을 뉘여서(Lanscape) 보면 배경색이 "lightyellow"로 변합니다.

미디어 쿼리

이 문서는 @media 규칙을 사용하고 있습니다.

스마트폰을 세워서(Portrait) 보면 배경색이 "gold"로 표시됩니다.

스마트폰을 뉘여서(Lanscape) 보면 배경색이 "lightyellow"로 변합니다.

미디어 쿼리로 배치 조절하기

미디어 쿼리를 사용해서 화면의 크기에 따라 요소들의 배치를 보기 좋게 조절할 수도 있습니다. 다음 예는 화면의 크기가 400px 이하일 때는 메뉴가 본문 텍스트 위에 표시되고, 400px을 넘으면 메뉴가 본문 텍스트 왼쪽에 표시됩니다.

▶ css10-5.html

```
<!doctype html>
<html>
<head>
<meta name="viewport" content="width=device-width, initial-scale=1.0">

<style>

.left {float:left; width:100px;}
.list {margin:0;padding:0;}
.menu {
  background:lightblue;
  list-style-type:none;
  border-radius:2px;
  margin:4px;
  padding:4px;
}
.paragraph {margin-left: 120px;}

@media screen and (max-width: 400px) {
```

```
      .left {float:none; width:auto;}
      .paragraph {margin-left:4px;}
    }

</style>

</head>
<body>

<div class="left">
    <ul class="list">
        <li class="menu">1번 메뉴</li>
        <li class="menu">2번 메뉴</li>
        <li class="menu">3번 메뉴</li>
        <li class="menu">4번 메뉴</li>
        <li class="menu">5번 메뉴</li>
    </ul>
</div>

<div class="paragraph">
    <h2>미디어 쿼리</h2>
    <p>이 문서는 @media 규칙을 사용하고 있습니다.</p>
    <p>브라우저 크기를 조절해보세요.</p>
    <p>400px까지는 메뉴가 위에 표시됩니다.</p>
    <p>그러나 400px을 넘으면 메뉴가 옆에 표시됩니다.</p>
</div>

</body>
</html>
```

이 소스 코드의 핵심은 @media 규칙에서 브라우저의 너비가 400px를 넘지 않으면 메뉴를 위한 left 클래스와 본문을 위한 paragraph 클래스를 아래와 같이 다시 정의해서 메뉴가 본문 텍스트 위에 표시되게 한다는 것입니다.

```
@media screen and (max-width: 400px) {
    .left {float:none; width:auto;}
    .paragraph {margin-left:4px;}
}
```

두 클래스 이외에 나머지 요소의 스타일 지정을 위한 일반 클래스로 list 클래스는 목록의 항목들이 기본적으로 왼쪽에서 조금 떨어져서 표시되는 것을 방지하기 위한 것입니다. menu 클래스는 각 메뉴 항목들을 위한 스타일을 지정합니다.

요점 정리

■ 반응형 웹 디자인을 위해 제일 먼저 알아야 할 것이 뷰포트(Viewport)의 설정이며 이 작업은 〈meta〉 태그를 추가하면 됩니다.

■ viewport는 문서의 내용이 표시되는 영역입니다.

■ 모바일 기기의 브라우저에게 기본 너비 값인 980px로 표시하지 말고 현재 표시하는 모바일 기기의 너비에 맞춰서 너비를 조절하라는 명령이 아래 〈meta〉 태그의 의미입니다.

`<meta name="viewport" content="width=device-width, initial-scale=1.0"/>`

'width=device-width'는 문서의 너비를 현재 문서가 표시되는 모바일 기기의 너비에 맞추라는 의미이며, 이렇게 하면 어떤 모바일 기기에 표시되어도 올바로 보입니다. 'initial-scale=1.0'은 문서가 처음 표시될 때의 확대 비율을 지정하는 것으로 1.0은 확대도 축소도 하지 않은 것입니다.

■ 미디어 쿼리(media query)는 문서가 표시되는 기기(미디어)의 조건에 따라 문서가 달리 표시되록 하는 기능입니다.

■ @media 규칙은 다음과 같이 기술합니다.

• mediatype 앞에 'not'이나 'only'를 추가해서 특정 기기를 제외하거나 특정 기기에만 적용되도록 할 수 있습니다.

• mediatype에는 다음과 같이 기술할 수 있습니다.

　－ all : 모든 기기에 적용

　－ print : 프린터에 적용

　－ screen : 일반 모니터나 태블릿, 스마트폰에 적용

　－speech : 웹 문서를 읽어주는 스크린 리더에 적용

• and로 연결해서 여러 개의 조건(쿼리)을 기술할 수 있습니다.

• (expressions)에는 자주 사용하는 max-width, min-width, orientation 외에 30여개의 프로퍼티와 값을 지정할 수 있습니다.

코딩 첫걸음 시리즈

기초부터 제작까지 코딩을 차근차근 배워나가는 IT 입문 도서 (대상 : 초등학교 고학년부터 성인까지)

코딩 첫걸음 시리즈 1
엔트리의 모든 것, 블록부터 파이선까지!

김재휘, 정인기 지음 | 국배변형판 |
264쪽 | 12,000원 |

이 책은 SW 교육 플랫폼으로 발돋움하고 있는
엔트리를 통해 2018학년도부터 적용될 국가교육
과정을 바탕으로 꼭 알아야 할 핵심 개념들을 예
제들을 통해 쉽고 재미있게 접할 수 있도록 하였
습니다. 또한 엔트리의 세세한 기능들을 익혀 좀
더 복잡한 작품들을 만드는 전략까지 구상할 수
있도록 집필하였습니다.

코딩 첫걸음 시리즈 2
스크래치의 모든 것, 블록부터 게임까지!

이원규, 김자미, 안영희 지음 | 국배변형판 |
248쪽 | 12,000원 |

스크래치(Scratch)는 전 세계적으로 프로그래밍
교육을 시작하는 학생들에게 가장 많이 활용되
고 있는 교육용 프로그래밍 언어입니다. 이 책
의 14 챕터를 미션 수행하듯 한 단계 한 단계 따
라하다 보면 스크래치의 모든 블록을 익히고 스
크래치로 나만의 게임까지 만들 수 있습니다. 이
책으로 스크래치를 익히고 나면 여러분의 생각
을 프로그래밍으로 표현하는 즐거움을 만끽할
수 있을 것입니다.

코딩 첫걸음 시리즈 3
파이썬 기초의 모든 것, 14개의 코딩 이야기!

박영호, 이병재 지음 | 46배변형판 |
200쪽 | 12,000원 |

이 책은 "코딩 입문"과 "파이썬 입문"이라는 2마
리의 토끼를 잡을 목적으로 발간되었습니다. 파
이썬을 통해 초보자들이 재미있게 프로그래밍을
할 수 있도록 구성하였습니다. 파이썬이 제공하
는 기능 중에서 다른 모든 프로그래밍 언어들도
공통으로 제공하는 필수 기능들을 재미있는 예
제들을 통해 마스터할 수 있도록 구성하였습니
다. 코딩의 가장 기초적인 개념으로 시작해서 마
지막에는 간단한 게임을 작성할 수 있는 수준까
지 단계적으로 완성할 수 있습니다.

코딩 첫걸음 시리즈

코딩 첫걸음 시리즈 4
HTML 코딩의 모든 것, 홈페이지 기초부터 제작까지!

이용학, 황현숙 지음 | 46배변형판 |
216쪽 | 12,000원 |

이 책은 "코딩 첫걸음"이라는 시리즈에 맞게 HTML 입문자들이 한 발 한 발 웹 디자인의 세계로 내딛을 수 있도록 가이드하고 있습니다. 웹 디자인 입문자들에게 도움이 될 수 있도록 집필하였습니다. 친절하고 꼼꼼한 설명과 간결하지만 실전에 도움이 될 예제로 자주 사용하는 HTML 기능들을 익힐 수 있도록 집필하였습니다. 이 책을 마치고 나면 간단한 웹 문서 정도는 스스로 작성할 수 있을 것이며, 다른 사람의 웹 문서를 읽고 수정하고 발전시킬 수 있는 능력이 저절로 생길 것입니다.

코딩 첫걸음 시리즈 5
CSS 코딩의 모든 것, 웹 디자인 기초부터 완성까지!

이용학, 황현숙 지음 | 46배변형판 |
252쪽 | 13,000원 |

이 책을 통해 CSS를 익히고 나면 웹 디자이너로서의 기초 지식이 확실히 다져질 수 있도록 한 줄 한 줄 자세한 설명과 예제 코드에도 세심하게 신경을 썼습니다. 이 책에서는 HTML5의 태그와 CSS3의 프로퍼티를 중심으로 개념과 사용법을 익히는데 중점을 두었습니다. 우리가 모든 태그와 모든 프로퍼티를 기억할 수도 없고 그럴 필요도 없지만 어떤 기능들이 있는지는 전반적으로 잘 파악해두어 기능별로 빠짐없이 전체를 조망할 수 있도록 내용들을 구성하였습니다.

코딩 첫걸음 시리즈 6
자바스크립트 기초의 모든 것, 웹 코딩 이야기!

이용학, 황현숙 지음 | 46배변형판 |
308쪽 | 15,000원 |

이 책은 웹 디자이너를 위한 자바스크립트(Javascript) 입문서입니다. 프로그래밍 경험이 전혀 없다는 가정하에 초보자의 눈높이에 맞춰 자바스크립트 코딩을 설명하고 있습니다. 이 책은 다음과 같이 2개의 파트로 구성하여 프로그래밍 기초와 자바스트립트를 모두 효율적으로 학습할 수 있도록 하였습니다. 각 장마다 당장 필요한 프로그래밍 개념과 자바스크립트에 집중 학습할 수 있습니다.

코딩 첫걸음 시리즈 7
HTML + CSS 코딩의 모든 것

이용학, 황현숙 지음 | 46배변형판 |
468쪽 | 23,000원 |

"코딩 첫걸음"이라는 시리즈에 맞게 HTML과 CSS 입문자들이 웹 디자인의 세계로 첫 걸음을 내딛을 수 있도록 가이드하고 있습니다. 꼼꼼한 설명과 실전에 도움이 될 예제를 통해 HTML5의 태그와 CSS3의 프로퍼티의 개념과 사용법을 익히는데 중점을 두었습니다. 태그와 프로퍼티의 기능들을 전반적으로 잘 파악해두어 전체를 조망할 수 있는 내용으로 구성하였습니다. 이 책을 마치고 나면 간단한 웹 문서 정도는 스스로 작성할 수 있을 것이며, 다른 사람의 웹 문서를 읽고 수정하고 발전시킬 수 있는 능력이 길러질 것입니다.

CSS 코딩의 모든것, 웹 디자인 기초부터 완성까지

2018년 7월 20일 초판 1쇄 인쇄
2018년 7월 30일 초판 1쇄 발행

책을 만든 사람들

집필 ㅣ 이용학 황현숙

기획 ㅣ 정보산업부

진행 ㅣ 정보산업부

표지 및 본문 디자인 ㅣ 정보산업부

펴낸곳 ㅣ (주)교학사

펴낸이 ㅣ 양진오

주소 ㅣ (공장) 서울특별시 금천구 가산디지털1로 42(가산동)

ㅤㅤㅤㅤ(사무소) 서울특별시 마포구 마포대로14길 4(공덕동)

전화 ㅣ 02-707-5310(편집), 02-839-2505/707-5147(영업)

팩스 ㅣ 02-707-5316(편집), 02-839-2728(영업)

등록 ㅣ 1962년 6월 26일 〈18-7〉

교학사 홈페이지 ㅣ http://www.kyohak.co.kr **블로그** ㅣ http://blog.naver.com/itkyohak

도서 문의 ㅣ itkyohak@naver.com